认识管理学习手册与案例解析

[美] 彼得·德鲁克（Peter F. Drucker）著

慈玉鹏 译

An Introductory
View of Management

Instructor's Manual

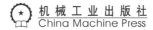

机械工业出版社
China Machine Press

图书在版编目（CIP）数据

认识管理学习手册与案例解析 / （美）彼得·德鲁克（Peter F. Drucker）著；慈玉鹏译 . -- 北京：机械工业出版社，2021.2（2022.11 重印）

书名原文：An Introductory View of Management：Instructor's Manual

ISBN 978-7-111-67533-4

I. ①认⋯ II. ①彼⋯ ②慈⋯ III. ①企业管理 IV. ① F272

中国版本图书馆 CIP 数据核字（2021）第 035514 号

北京市版权局著作权合同登记　图字：01-2021-0057 号。

Peter F. Drucker. An Introductory View of Management: Instructor's Manual.

Copyright © 1977 by Peter F. Drucker.

Simplified Chinese Translation Copyright © 2021 by China Machine Press.

认识管理学习手册与案例解析

出版发行：机械工业出版社（北京市西城区百万庄大街 22 号　邮政编码：100037）

责任编辑：沈 悦　　　　　　　　　　　　责任校对：李秋荣

印　　刷：涿州市京南印刷厂　　　　　　　版　　次：2022 年 11 月第 1 版第 2 次印刷

开　　本：170mm×230mm　1/16　　　　　印　　张：12.5

书　　号：ISBN 978-7-111-67533-4　　　　定　　价：59.00 元

客服电话：（010）88361066　68326294

第一部分　德鲁克经典管理案例解析[⊖]

⊖ 本书第一部分中部分案例的详版参见机械工业出版社出版的《德鲁克经典管理案例解析》。

第二部分 《认识管理》习题与答案

第一部分

德鲁克经典管理案例解析

第一篇 | 企业的绩效

案例 1　我们的业务是什么

两组人都犯了只关注劣势的错误，也就是关注卡拉汉联营公司不擅长的业务，该公司从未做过户外服装和餐饮业务，不得不从头学起。两组人都没有思考"我们擅长什么？""我们的优势是什么？""我们可以把什么用于工作？""这些优势在什么业务上将发挥成效？""我们是客户的主要供应商吗？"供应商在服装行业很有地位，但在餐饮行业的影响力微不足道。是否应思考"我们的优势是擅长组织和系统化吗？"这是经营快餐连锁店需要关注的。"零售店""超市""连锁店"都不是操作术语，任何一个都无益于企业做出具有明确意义的或意味着抓住重大成功机会的决策。

案例 2　什么是成长型公司

面包厂主管和总裁的观点都有正确之处，也有错误之处。任何企业都需要赚取比成本更高的收入，否则就会亏损，无法实现增长。但无论如何面包店都不是成长型公司——在面包消费量会随着收入与生活水平的提高而下降的发达国家尤其如此。经营这类公司必须追求最低成本，以获得最多的现金。企业的经营举措必须匹配其基本业务——这意味着面包店应在墙上张贴《花花公子》插页而不是现代画作，使用油毡而不是高档地毯，以及进行其他（尤其是人员和管理费用）的适当配置。

案例 3　研发策略与商业目标

艾博公司把自身的业务界定为充分利用最新的科学发现。因此，该公司对科学革命寄予厚望。在科学革命的推进过程中，既定的科学假设会受到挑战，最终很可能被推翻。鉴于科学发现与推广应用之间的前置时间比较长，成功的先驱企业有机会建立难以撼动的领先地位。当然，也存在失败的风险，即没有出现真正的科学革命，原有的期望却破灭了。贝克公司以市场和消费者为导向，认为自己的业务是为执业医师创造相应的价值，该研发策略实际上是备受推崇的"整体营销法"的有效应用，相应的风险是其研发细分为多个专业性领域——因此该公司坚持不营销仅用于特殊用途或单一医疗实践专业领域的药品。

查理公司寻找微小但具有战略意义的领域。在这种领域中，

　⊖　前置时间（lead time）：从做出决策到产生结果必经的时间，如从做出新建一家钢铁厂的决策到该厂投产之间间隔的年数。——译者注

重大改进可以确立不易受挑战的领先地位，同时不存在居于次要地位的供应商，试图通过提供"同样好"甚至"稍微好一点"的产品开展竞争的尝试没有任何意义。这方面的一个例子是盛放化合物的罐体，相关产品如果泄露就会造成有毒物质污染；另一个例子是电焊条，某处焊接如果出现质量问题，可能导致整艘船沉没。在这种情况下，相关产品的成本在整体成本中显得微不足道，如用于白内障手术的几滴药液，然而其出现问题却可能对整体造成不可挽回的巨大损失。

案例4 一家成功的小型跨国公司

布伦奇利言行一致。他所做的一切不过是深入思考并专注于公司的优势，以从中获取收入。

案例5 医疗保健成为一个行业

对于每种替代方法，管理层都应该思考三个基本问题：它是否能让我们扬长避短？这是从事医疗保健和医疗行业的最佳方式吗？它是否适合医疗保健或医务人员经营或者他们是否愿意这样经营？接下来管理层必须思考：每种替代方法能分别带来什么收益？每种方法的预期成果是什么？每种方法的绩效具体由什么构成？例如，第一种方法显然仅对在若干重要医疗保健技术领域处于领先地位的大型企业才具有实际的可行性，进而有可能使其取得成功。

案例6　水手造纸公司

第一种方法是从客户（即预期会购买纸质产品的大型企业）的视角出发进行研究。客户正在寻找什么？对什么感兴趣？为哪种产品付款？水手造纸公司有客户想要或需要的产品吗？第二种方法的有效性取决于小型独立打印机的前景。这种打印机有前途吗？必须指出的是，该案例发生于20世纪50年代中期，直到20世纪60年代初施乐公司才进入该领域。当初预期非常有前途的小型打印机产品现在看来完全不同了——这表明预测出现了偏差。与第一种方法类似，第三种方法基本上是清算水手造纸公司的当前业务，原因是在小城市市场中难以找到静电感光复印纸及其他此类产品的工业客户。尽管水手造纸公司当前缺少相关的资源、专长、分支机构以及销售队伍，但进入新型造纸领域或许是明智之举。然而，第三种方法（过早地）关注的是如何通过出售或清算当前业务的收益，以进行再投资，而不是如何处理当前业务。

案例7　市中心的百货商场

学员很快就会意识到演讲者是一名财务副总裁，并且不理解他为什么主要关心人员配置与使用。企业有理由让员工做出自我牺牲吗？或者有义务给员工提供机会吗？在其他人已经尝试多年且早已失败的领域继续尝试有意义吗？顺便说一下，学员通常会假定，保留市中心百货商场所有权的唯一替代选择就是进行清算——这当然是无稽之谈。尽管出价可能不是非常大方，但 Twin Forks 以及负责提供资金的财团负责人博安农可能急于购买市中心的百货商场，并且可能会有其他买家。

服务机构的绩效 | 第二篇

案例 8　阿丽莎州立学院的困境：能力与需求

这两项业务（言语障碍治疗中心和示范性中学）分散了该学院的资源，却没有提高相应的绩效，因此该学院应将其淘汰（用几年时间全部淘汰）。但假如其中一个必须保留，那就留下绩效相对较好的业务，即示范性中学。如果缺乏能力和相应的机会，那么仅有相应的需求是不行的。持续从事一项不会有成效的业务只会导致形势恶化。在这种情况下，言语障碍治疗中心更可能会误导社区，使社区成员误以为学院只采取措施矫正存在语言障碍的儿童，而这实际上会对孩子造成伤害——让他们更加失望和沮丧。

案例 9　医院的"产出"是什么

阿姆斯特朗的想法是正确的，医院有许多客户：医生（决定医院是否能满床）、病人及家属（支付迅速上涨的账单）、社区。但他没有想到的是，除非能够直面医院的使命应该是什么这一风险决策，否则就难以制定出真正满足上述客户需求的目标。医院应该作为医生开展工作的设施提供方，还是社区的医疗服务中心，或者社会代理机构？医院能取代私人医生吗？一旦阿姆斯特朗深入思考了上述核心问题，就不会难以设定目标（及相应的业绩衡量标准）了。如果医生是医院的"客户"，那么社区内光顾医院（而不是光顾当地的竞争对手）的医生的数量、占比、级别等目标就很容易制定并进行检验。某家大型连锁医院的做法是，"从医院前门进来一名病人，到安排妥当一间病房的最长时间不超过 8 分钟"。这类病人护理目标非常容易设定，但达到该目标需要耗费大量时间，进行多项辛苦工作和无数次试错。然而，如果没有围绕医院的使命应该是什么、能够是什么、将会是什么做出决策，那么就难以设定能发挥作用的相应政策、目标与业绩衡量标准。

案例 10 大学艺术博物馆：确定宗旨和使命

这个案例可以而且应该从三个方面加以审视。首先，这是一个关于大学而不仅仅是艺术博物馆使命与宗旨的案例。大学的使命与宗旨应该是什么？大学与周围社区的关系应该如何？未来的研究人员和艺术博物馆馆长在教学、研究、专业训练三者间的最佳平衡是什么？其次，这是一个关于组织的案例。显然没人知道（或曾经思考过）艺术博物馆在组织体系中的位置，以及艺术博物馆馆长该向谁汇报工作。艺术博物馆为什么设在研究生院？这样合适吗？组织决策应该遵循组织的基本使命，但是艺术博物馆馆长基本没有使命可以遵循。最后，这也是一个关于营销失败的案例。显然，没人曾对这位已辞职的、无人挽留的馆长说："你管理的不是社区博物馆而是大学艺术博物馆，所以你应该思考必须采取什么措施才能在这个不同于以往的新岗位上取得成功。"因此，这位馆长不假思索地继续按照之前成功经营社区博物馆的方式行事。

案例 11   世界青年交流联合会的使命是什么？市场在哪里

需要从下列两个方面思考该案例。第一，世界青年交流联合会是否确立了明确的使命或宗旨？建立该组织的初衷是为了促进世界和平，但这几乎没有实现。该组织在促进不同国家年轻人的交流方面，似乎也未达到预期目的。不同于过去的年轻人，现在的年轻人并不缺少旅行机会，也不缺乏了解其他国家与文化的渠道。但是，世界青年交流联合会是否能确立新的、不同的并且同等重要的目标，并努力加以实现呢？第二，应该思考下列问题：谁是该组织的客户？谁真正做出"购买"决策？可能不是年轻人。由于申请人数远远超过所能容纳的人数，因此至少年轻人不会成为世界青年交流联合会发展并取得成功的限制因素。组织管理层需要更密切地关注寄宿家庭。寄宿家庭想要并且期望什么？它们认为什么是"有价值的"，需要知道什么，需要被告知什么，需要与世界青年交流联合会维持什么样的关系？

案例 12 蒙特希里尔大学的未来

法学院院长提出的问题显然都非常重要，并且提问的时机非常得当——该大学结束 150 年庆典活动的时候。通过询问高等教育意味着什么和代表着什么，有没有可能使相关人员认真对待这些问题呢？上述每一方对"卓越"或"领导力"的期望与看法是什么？通过树立一种"理想"并设法予以实现，能否解决这些重要问题呢？这是那些美国教育的改革者，如 20 世纪 30 年代芝加哥大学校长罗伯特·哈金斯解决相关问题的方式。另外一种可行的方式是开展具体工作，如提高教学质量或开设新课程（如用涵盖世界文明的新课程取代聚焦西方文明的旧课程）。所有这些都有一定的可行性，但如何才能真正实现它们呢？

案例 13 医院的成本控制

伯诺尔的解释很可能非常接近事实。即使承受了额外的税收负担，营利性医院的绩效往往也依然更佳，原因是其绩效会受到检验，这要求其成员遵循经济理性。在非营利性社区医院（或国内外的公有制医院），试图达到同样目的的尝试并没有取得显著成效。但是，通过设立若干自负盈亏的部门，或至少通过某种方式（如奖金）把员工（医生与行政人员）与经营绩效直接挂钩，部分医院取得了一定程度的成功。严格来讲，凯泽永久基金会（Kaiser Permanente Foundation，简称凯泽）是非营利性组织，但凯泽仍采用这种方式经营。但在本案例的相关情况中，医院扩建资金来源的转变（现在医院的大部分成本都由金融机构承担而非慈善机构）可能意味着托管人角色的重大转变。毕竟，托管人的原始职能就是筹集资金。如果改变舆论的尝试不起作用，格伦河医院可能别无选择。由于它必须具备满足社区需求的相应设施，因此只能继续建造不符合要求的病房。同时，医院管理人员也应该开始努力推动有关部门出台正确规范的规章制度。否则，错误的规章制度可能会以立法形式强加给社区医院。

第三篇 | **高效率的工作与有成就的员工**

案例 14　能不能学会管理下属

这个问题有也应该有许多不同的答案。但许多人（如果不是多数人的话）要么仅限于表明态度（如称"应该公平"），要么主张制定长期政策（如主张"启动某个管理者开发项目"）。然而，教员可能会指出该案例明确要求立刻采取行动——能够取得立竿见影的效果或起码非常明确且可操作的举措。这方面的例子可能有：①询问每个分公司的管理团队，企业总部或欧洲总部人员的哪些行为有助于他们完成工作，哪些行为带来了障碍；②在麦克沃伊仔细考虑了未来几年自己应有的贡献和成果之后，他可能会要求每个分公司的管理团队也这么做。需要强调的是，由于麦克沃伊没时间慢慢"研究"，因此他从一开始就必须指出一个明确的、有意义的方向。

案例 15　怎样为"没前途"的工作岗位配备员工

该企业需要做的可能是把两个方案结合起来。首先，根据现实调整招聘目标：招聘那些不想升职，并且认为仓库工作对其有挑战性的人员，如不想把工作作为生活的中心，且对兼职工作感兴趣的中年已婚妇女。其次，将工作职责范围扩大化，让仓库管理员负责商品陈列、库存管理以及库存控制。任何组织机构都有必要负责为那些没有晋升机会，但能力突出的员工在外部寻找合适的工作，这是一个好主意。律师事务所、会计师事务所、管理咨询公司理所当然应该这么做。要让最高管理层了解每个备选方案的优缺点（如果可以的话），可能需要小规模演示一种招聘潜在初级管理人员的替代方案，如在企业每个业务部门启动一个真正的管理培训项目。但是，通常唯一能消除管理方面的无知和固执己见的方法就是失败，让学员明白这一点可能有所助益。在本案例中，直到管理层发现不能再吸引"高素质人才"（即大学毕业生和可以找到全职工作的人）从事仓库工作，真正从事该工作的往往都是兼职人员和超过正常退休年龄的人，企业才会真正改变传统的做法。20世纪70年代初，尽管企业在这方面已彻底失败，但仍试图坚持以往的政策。

案例 16　医院里的新培训主管

培训专家的建议可能对新培训主管提出了很高的要求——尽管这可能是明智的建议。最好在一两个部门的领导表示同意的情况下制定新政策；如果一项新政策严重偏离人们的预期，那么最好先在少数相信该政策并希望其奏效的人中小规模试行。培训专家的建议貌似不错，但一蹴而就显然不现实。至于新培训主管的优先事项，可能是明确医院的目标，以及界定病人护理和医疗护理的标准，也就是认清自己的上级、医院行政人员和医疗主管所谓"绩效"的明确含义。该案例表明，培训主管被期望能够训练技能、培养态度和塑造行为，但医院并未界定合适的目标、标准和应采取的措施。培训主管遭遇的挫败可能更多是医院的责任，而不是其他任何人的错。

案例 17 你是"我们"中的一员还是"他们"中的一员

这可以并且应该作为一个关于管理者角色和职能的案例进行讨论。管理者是"士官"吗？初级管理人员岗位是管理层级中的第一级吗？或者管理者在这两个方面兼而有之？管理者就像弗雷德里克·泰勒所希望的那样是部门内部人员的"资源"吗？或者是他们的"助理"？这是 IBM 对管理者的称呼，IBM 是唯一一家认真对待泰勒关于部门内部人员角色理论的美国大型企业，并认为决策实际上由他们做出。管理者应该是"老板"吗？

本案例的另一个维度涉及社会结构和社会关系。传统制造业的管理者与所在部门人员产生的社会区隔，与军队提拔"士官"后出现的情况没什么不同。在陆军和海军中，士官都有专用食堂、单独的宿舍和社区。从普通士兵中选拔在军队服役的士官并不会造成不良影响，也不会影响士官在美国军队中申请军官培训项目，但在社交方面，他们不同于普通士兵和军官。他们与普通士兵分开的原因在很大程度上是来自士兵的压力，普通士兵不希望非执勤时间士官在周围出现。在军事训练之外保留这种社会区隔合适吗？如果管理者在社会生活中仅仅是"一个普通男人"（或"一个普通女人"），那么是否有可能保持管理者的权力和客观性？例如，教员可能会询问学员，有多少人喜欢直呼各自父母的姓名呢？有多少人喜欢教员参与学员的社交活动？

尽管如此，还是有必要通过共同的餐饮设施、工厂活动减少社会区隔。确实，本案例为开展工厂社区活动提供了有力的支持性论据。在这类活动（如假期安排、安全设备、建议计划、福利及其管理等）中，非管理者发挥着重要的领导作用。

案例 18　中西部金属公司和工会

工会的态度及相应的管理层态度在某种程度上反映了一个事实，即工会的角色就是提出反对意见。这种态度也反映了员工与福利及其管理措施的分离，以及由此导致的员工未能将管理结果视为"福利"的现状。相反，福利被视为雇主的"成本"，因此是某种会导致雇主亏损的事物，而不是员工的收入（主要功能是使相应的开支在数量和质量方面获得最大收益）。到目前为止，我们所知的唯一优化方法是让员工积极参与（实际上主要由员工控制）自身福利的计划与管理工作。工会通常与管理层持相反态度，因为它可能要对不利后果负责。

案例 19　卡雅克空军基地的安全问题

这两位军官的方案代表了激励员工的两种不同方法。作战部长依靠胡萝卜加大棒，一级安全督察则依靠持续学习。两种方法都有一定的道理——但只有双管齐下才可能取得可持续效果。这个案例也可以用来讨论我们对安全措施的认识，尤其是对于一些本质上有危险性的事，如开车或操作机器。通常有三种相辅相成的方案，每种措施都有发挥作用的范围，如果超出该范围，那么反而可能降低安全系数，造成更多事故发生。首先，提高设备和操作安全性的工作——这是美国联邦政府职业安全与健康管理局（OSSHA[⊖]）正在采取的方法。但我们知道，超出适当范围的安全措施会让人们产生虚假的安全感，而实际上具有危险性的工作不可能变得真正安全。例如，在 20 世纪 30 年代，当安全帽刚刚得到普及时，许多工厂的安全事故反而有所增加。工人先前会小心避免发生事故，但在使用安全帽之后反而疏忽大意，寄希望于依靠安全帽来避免事故。其次，进行安全行为方面的培训，如安全驾驶培训。本案例中的两名军

⊖　此处可能有误，疑应为"OSHA"。——译者注

官都关注了这个方面。由于这是预防事故最有效的方式，所以
培训无疑是合适的做法。但这种培训需要强有力的激励、相应
的惩罚措施以及反复练习，如此才能避免人们疏忽大意。最后，
还需要做一些必要的工作以减轻事故的严重性，并为事故及其
后果做好相应的准备，如汽车安全带和前文提到的安全帽。空
军司令官当然希望三种方案同时进行，但两位军官的稳健观点
是正确的。永远不会出现具有彻底的安全意识且无时无刻不谨
慎小心的员工，事故也不会完全消失，世界更不会没有风险。
因此，人们需要为万一发生的事故做好准备，以便最小化损失。

案例 20　如何分析和安排知识性工作

当然，苏珊是对的，然而她将发现休斯敦分行的同事不会
非常主动地接受她的想法，反而会说"这是我们长期以来的工作
方式"。因此，苏珊需要深入思考如何才能赢得同事的支持。确
实需要"科学管理"知识性工作，但管理举措必须被知识性工
作者接受才行，而苏珊尚未对此进行深入思考。不过她从管理
者的工作着手无疑是正确的，既要把工作组织起来，又要让知
识性工作者接受。至于各项操作，由计划、组织、整合与评估
人员（POIM 人员）针对管理者的工作进行识别即可。对于银行
的信贷员或任何其他员工从事的知识性工作而言，POIM 人员可
以做弗雷德里克·泰勒曾经做过的事：审视该工作并询问员工。

第四篇 | 社会影响与社会责任

案例 21 印第安纳州布莱尔镇的皮尔利斯淀粉公司

很少有学员能在一开始就认识到皮尔利斯淀粉公司面临的形势是多么令人绝望。这种情况可能有助于恢复该公司的正常运营。根据案例中该公司员工的人数以及建设一座就业人数为2600人的现代化工厂所需的资本金额，我们可以推算出该公司的年销售额为5亿~6亿美元，且在布莱尔镇的工厂每年亏损5000万~6000万美元。换言之，这是一家陷入绝境的大型公司。

课堂讨论的一个焦点很可能是董事会的责任。皮尔利斯淀粉公司董事会显然选择了放任事态恶化，而不是及时采取"干预措施"迫使不称职的管理者辞职。从案例的情况来看，显然布莱尔镇对此无能为力。思考该问题的一个角度是路德维希如何把员工人数削减到2600人。如果根据资历进行裁员，将会对员工队伍造成严重的冲击，并且也意味着享有某种退休金和社保福利、家庭和住房负债较低的年老员工将保住自己的工作岗位，而年轻家庭的顶梁柱将会失业。这样公平吗？他应该采取某种形式选择性裁员吗？他会如何进行选择，这会对士气产生什么影响？营私舞弊、私下串联、权力斗争、相互对抗的可能性非常大。类似的整顿有可能让工厂幸存吗？（顺便说一句，没有任何证据表明这种程度的转型可能成功，因为其造成的社会性冲击太大。）

相应的教训是什么呢？家长制隐含着对权力的渴望，而一家规模庞大且掌控整个小镇命运的公司，对自身及小镇都是一个威胁。该公司不可能在不损害小镇的前提下做出合适的经济决策，反之亦然。还有一个教训，如果一家下设多家工厂或多个事业部的公司的最高管理者同时直接管理某家工厂或事业部，那就会产生负面影响（来自跨国公司的惨痛教训）。这会影响该工厂或事业部的有效管理，并使得企业总部以及其他事业部或工厂服从于最高管理者直接管理的部门，或为其让位。然而，本案例最重要的教训是，公司首要的社会责任是实现经济绩效，除非已实现卓越的绩效，否则公司不应该承担任何其他责任。

案例 22 主教与逃离纽约市

当然，在某些方面本案例与前面的案例非常接近，可以与前面的案例同时进行讨论，但本案例也有独特的地方。支持明显具有破坏性和不负责任的政策（如那些让纽约陷入危机的城市政策）是承担"社会责任"吗？牺牲本组织成员的利益以及管理层应对员工承担的责任以求"看起来负责",是不是哗众取宠？
什么时候该吹哨喊停？在纽约这样的地方，一家大型企业的领
导者专注于本组织的业务能行得通吗？他应该尝试组织该市的
领导群体共同采取建设性行动吗？尽管可能超出了管理课程的
范围，但仍需要思考城市作为社区的性质问题。能指望通过改
善一部分来"改善"一座城市吗？正如主教明确暗示的那样，城
市是一个机械装置，或者一个系统吗？在这种情况下，一家企
业留下并没什么用——甚至可能会使形势恶化。现代观点认为
城市是一个机械装置，并且当今联邦政府也持有该观点。已故
的芝加哥市市长戴利[⊖]则认为城市是一个系统。

案例 23 "我受雇为煤矿工人谋私利"

可以从几个维度思考该案例。当然，一个维度是国家利益
与道德信念。约翰·刘易斯深信煤矿工人罢工符合道义，他很
清楚煤矿业正在走下坡路，因此战时环境可能为矿工提供了最
后一次"公平交易"的机会。但何时国家利益应该凌驾于道德之
上，是一个有待解决的永恒政治问题。此处存在一个问题，即
作为一名虔诚的美国宪政主义者，刘易斯在多大程度上暗示承
担治理责任是在篡夺政治权威？一名工会领导者或企业领导者

⊖ 戴利（1902—1976），美国政治家，美国民主党党员，1955～1976年任
芝加哥市市长。——译者注

说"我对国家利益负责",在多大程度上属于篡夺权力?

另一个维度是工会的角色、权力及前途等。工会能够拥有现代社会赋予工会的权力而不必承担相应的责任吗(即便这会损害自身成员的利益)?刘易斯清楚地看到了煤炭业的这一点。他运用自己对工会的专断控制,强行大幅削减了煤矿工人的数量,并强制把生产集中到能够与天然气和石油竞争的高效率大型煤矿上。20世纪四五十年代,煤矿工人的就业率下降了三分之二的主要原因就是刘易斯的举措。但在治理责任方面刘易斯划出了清晰的界限,这合理吗?工会掌握权力意味着其对经济、价格、成本、资本形成应承担相应的责任吗?如何把这种责任与对工会"民主化"和领导者对工会成员负责的要求结合起来呢?无论何时何地掌握权力,任何"劳工政治家"都要么不得不用铁腕手段以专断方式管理工会,要么在第一次工会选举中就被赶下台。既然工会不再是弱者,美国雇员(通过其养老金)实际上拥有了占经济总量三分之二的大企业的股权,那么工会主义的未来会如何呢?

案例 24　民权与贵格会的良知

跨国公司总是被告知"在开展业务的国家要做遵守当地风俗习惯的模范"。但同时,跨国公司也被告知"要达到我们母国的道德标准"。尽管该案例不是发生在某个发展中国家,但美国南方腹地曾经被许多新移民视为外来文化。多年来，美国的政治凝聚力在很大程度上依赖于 19 世纪 70 年代终止重建时期的南北协议。根据该协议，南方将忠诚地支持联邦，北方则不干涉南方各州内部的种族关系。在这方面，贵格会的有识之士显然是正确的。通过企业把北方人的价值观强加给南方社区（也就是说，运用经济力量把外来的社会和社区价值观强加给南方社区）不仅完全无效，而且不合法。因此，这家钢铁企业虚心接受相关批评，承认自己的所作所为存在不当（这有充分的根据）。该企业的一个选择是退出。大量美国企业已经关闭了它们在某些国家的业务，因为相关企业的管理层知道，在部分国家从事自认为不当的、违反原则的事情对于顺利开展业务必不可少。例如，格雷斯公司多年来一直拒绝在墨西哥开展业务，原因正是在墨西哥不行贿就寸步难行。企业可能会试图改变任何可以改变的事物——慢慢地、逐步地、努力地改变，并让人们有一定的心理准备。可以将亚特兰大一家百货商场的种族关系政策作为一个可能发生之事的例子，尽管该政策设立了不同的职业阶梯，甚至仅限于部分商店，但仍然为非裔美国人创造了许多机会。

案例 25　贿赂还是爱国义务

显然，这主要是一个体现美国与其他国家采用不同方式处理政企关系的案例。两种方式都有许多不当之处。美国政府的许多高级官员在卸下公职后确实会进入商界，而在德国或日本，这种工作前景必然会影响到高级公务员的态度。但本质上，这是关于政企关系的两种不同理念，尽管两者都有被滥用的可能，但也都有各自适用的环境，都有一套逻辑。本案例还提出了一个问题，即政企关系应该如何或可能如何——原因是两种传统典范（重商主义与宪政主义）正日益与现实脱节。例如，有时美国的政府机构（如国防部或国务院）会要求国防承包商向盟国政府军事或文职高官支付"佣金"，以此作为对其进行"补贴"的适当方式，而这种方式在美国政府中是不被允许的。那么适当的政企关系该如何呢？或许我们正走向中国唐朝（618~907年）时期的政企关系阶段？在每个州（郡）[⊖]的长官离任时，审计机构都会对其进行相应的审计。如果此人在辖区内搜刮民脂民膏，致使局势不稳，那么就可能被监禁或罚款。

案例26　联合碳化物公司与西弗吉尼亚州维也纳市

像学员那样简单认为联合碳化物公司最高管理层在20世纪50年代初的行为愚蠢或盲目，是不明智的。最高管理层可能非常清楚他们是在冒险（尽管当时没人能够预见数十年后的环境问

⊖　唐朝初年实行州县两级的地方官制，州的长官为刺史，天宝元年改州为郡，改刺史为太守。——译者注

题），但他们可能认为鉴于该公司在西弗吉尼亚州的处境，自己
别无选择。后来，最高管理层没能正视该困境，而他们本应做
出决策——尽早关闭无利可图同时污染极严重的工厂（直面销账
以及政治争议等问题），或者咬紧牙关投入大量资金改善其经营
状况。该公司管理层没有这么做，而是寄希望于问题自行消失，
这无疑是一种灾难性做法。当然这个案例还告诉我们，组织承
担社会责任要以保持经济活力和绩效为前提。

案例 27 阿根廷的 Deltec 公司和 SWIFT 公司

这位阿根廷法官被政治辞令影响了，实际上是被煽动了。
因为这几年"庇隆"⊖试图卷土重来，对"邪恶的帝国主义者"
的攻击是庇隆主义者最喜欢的工具，而那位特别法官无疑是其
主要发言人之一。尽管如此，该法官并非完全反复无常——其
推理起码可以说有点儿道理。Deltec 公司管理层认为肉制品加工
业会复苏，为此投入资金并雇用失业人员。这是在冒险一搏。该
决策可能经过了慎重思考，但最终仍以失败告终。结果，原本对
社会负责的仁慈行为转变为了残忍行为。相应的教训不是不该冒
此类风险，而是必须意识到风险存在，并且万一失败可能要付出沉
重代价。

⊖ 庇隆(1895—1974)，于 1946 ~ 1955 年、1973 ~ 1974 年任阿根廷总统。——
译者注

案例 28　阿尔弗雷德·斯隆的管理风格

　　显然，本案例的重点在于最后一句话。亚伯拉罕·林肯和富兰克林·罗斯福都通过把官方关系与私人友谊分离的方式管理自己的办公室，斯隆也做到了。有据可查的最佳例子是，在亨利·摩根索接任美国联邦政府财政部部长后，罗斯福就不再和这位终生密友保持私人友谊了（我们从已出版的日记中得知，摩根索一直没明白其中的原因，并为此深受伤害）。林肯与罗斯福也都拥有斯隆那样的"厨房内阁"，但林肯与斯隆不允许外部朋友影响其公务决策，这与罗斯福形成了对比。罗斯福做了与众不同之事：他组织了系统性的外部沟通渠道，以预防总统遭到孤立。这是埃莉诺·罗斯福⊖发挥的主要作用。这个案例还表明了最高管理者面临的两难困境。如果他们在工作中发展私人友谊，那么就不能做到工作所需的客观中立；如果缺少私人关系，那么他们就会被孤立，与现实脱节（或者同样糟糕的是，像尼克松那样依赖擅长拍马屁的腐败官员）。

⊖　埃莉诺·罗斯福（1884—1962），富兰克林·罗斯福总统的妻子、联合国人权委员会第一任主席，主持起草《世界人权宣言》，被杜鲁门总统誉为"世界第一夫人"。——译者注

案例 29　薪资结构的误导

　　有几种方法可以解决这个问题。一种是杜邦方式(《认识管理》中讨论过该方式),遵循该方式有助于激发创新,并以独特方式对待创新。另一种是 3M 公司等企业的方式,即把创新功能从运营组织中剥离,设立单独的小规模创新单元,采用不同的会计核算方式和薪酬制度。通用电气最终发展出了第三种方式,将薪酬成果根据所有关键成果领域(创新是其中之一)的目标衡量,并且格外重视创新。但本案例的主要目的在于证明制定与实际目标相符的薪酬政策非常重要,有助于避免造成误导。

案例 30　你能搞定你的老板吗

　　当然,拉瑞·弗兰肯马斯告诉桑托瑞斯的是,管理老板是下属该做的一项工作,并且需要为此付出努力。他还告诉桑托瑞斯如何管理这位老板,明确指出韦伯斯特擅长通过倾听而不是阅读获取信息,因此在面对面交流之前呈交大量备忘录或汇报材料显然没什么用。他告诉桑托瑞斯,韦伯斯特往往在上午专心做自己的事情,不喜欢被打扰。此外,韦伯斯特(如同任何老板一样)讨厌"意外情况",认为下级人员有责任(正确地)提前评估老板的新提议具有多大可行性。弗兰肯马斯也清楚地表明,自己犯的最糟糕的错误是知识上的傲慢。他显然低估了老板，否则当韦伯斯特挑选最年轻、最大胆、最不循规蹈矩的工厂经理接替他时，他就不会感到吃惊了。弗兰肯马斯自视高人一等，所以从未想过韦伯斯特的"奇闻逸事"传达了什么信息，没考虑过一位没受过正规教育却能担任高级职位的人，可能具备令人尊重而非无关紧要的长处和品质——当然包括学习能力。

案例 31　罗斯·阿伯内西与边境国民银行

本案例强调的重点并非哪条建议更好，而是所有三条建议都极其困难且风险很高。阿伯内西面临一个棘手难题，即选择让哪个群体失望。如果他大量聘用外来人员，那么许多客户和银行内部员工会受到打击。但如果他不尽快引入有能力的外来人员取代绩效平庸的保守员工，必将同样（甚至更大地）打击客户以及内部期望变革和新型领导的年轻员工，而在阿伯内西上任时，为之欢呼的正是这些人。因此，接下来阿伯内西必然惨遭失败——因为他将失去赖以使边境国民银行起死回生的内外部支持者。或许最终的规则还是那句老话："战地指挥官的首要职责是给部队下达合适的命令。"但在本案例中，根据该规则行事会有风险。

需要指出的是，第二条建议，即聘用以前合作过的同事风险最高，因为这些人很可能都是模仿者，而模仿的效果从来都不好。应在第一条建议和第三条建议之间选择，并且第三条建议产生的危害可能较小。

案例 32   一次失败的提拔

可以从两个方面来看本案例，根据我的经验，学员都能发现这两个方面。首先，这个案例显然表明此次提拔违反了所有必要的规则，而这些规则旨在防止或起码最小化不当提拔造成的不良后果以及人事决策的风险。董事长制定的规则是恰当的。学员需要注意的一点是，他们的任务就是深入思考新工作岗位的要求，而不是坐等老板提出要求，因为许多上级人员也不知道他们该做什么。其次，他们需要思考案例中前任及现任董事长的行为：他们明知道（或怀疑）可能会出现严重失误，却仍然让麦考林去做，这样合适吗？作为企业的最高管理者，他可能会把一名非常有前途的年轻人置于危险境地。在案例的情况中，高层介入会收到良好效果，毕竟可能受到伤害的不仅仅是麦考林，还有罗瓦克。年长者是否有权利为了维护所谓的自治或者教给年轻人所谓亟须的一课而让其受到伤害？

案例 33   无敌人寿保险公司

温特斯没有意识到（他的朋友也几乎没有察觉到），无敌人寿保险公司没有真正的最高管理层。温特斯需要做的第一项工作是深入思考新任首席执行官的角色与工作方法，只有想清楚该问题之后才能开展其他工作，并且显然温特斯没时间拖延，因为他的首次行动将树立自己在员工心目中的形象。有一件事肯定是不合适的，那就是温特斯假装自己是马尔霍兰，并继续沿用原有的各项方针政策。温特斯无法骗过任何人，并且马尔霍兰的各项举措确实完全无法被众人接受。但目前尚不清楚以下行动是否合适：他必须做出有风险的决策，并且要迅速做出。阅读本案例的学员可能会建议启动各种各样的长期项目，如管理发展项目。但是，且不说这些事情实际上都排在第二顺位且需要很长时间才能见效，案例中也没有证据表明该公司缺乏此类管理发展项目。无敌人寿保险公司真正缺少的是最高管理层和绩效精神。学员还会倾向于认为该公司必须成为一家利润丰厚的公司。似乎很少有人想到大型人寿保险公司往往是合伙制的，由其投保人而非股东所有。很少有学员会意识到尽管马尔霍兰表面上和蔼可亲，但实际上是一名"暴君"。他表面的仁慈掩盖了内在的权力欲。他留下的不过是个空壳而非欣欣向荣的公司。

第六篇 | **管理技能**

案例 34　林登·约翰逊的决策

林登·约翰逊总统违反了两项基本的决策规则。第一，他没有考虑异议者的主张。乔治·保尔的异议被束之高阁，而保尔本人也很快离开了华盛顿。因此，约翰逊没有任何替代选择。第二，他违反了下述规则：个人不应坚持做一件不会带来预期结果的事情，而应尝试其他选择。相反，约翰逊一味"坚持、坚持、再坚持"——这违背了所有概率法则和决策规则。违反这些规则不一定会使决策徒劳无功，但一定会导致失败的概率高于正常水平。

案例 35　新来的出口部经理

双方都违反了沟通的规则：公司及其管理层没有要求新出口部经理上报工作计划及时间表；而新出口部经理盲目相信"人人都知道我在做什么"——并且认为最高管理者都是些老顽固，没有参加过通用电气经长期研究后推出的培训项目。新出口部经理的任务应该是：①给新同事提出明确建议，告诉他们自己想要做什么、需要多长时间以及预期会得到什么成果；②充分利用同事在产品、市场、客户等方面的丰富经验；③确保同事能够定期了解自己工作的进展以及遇到的障碍。而案例中的这位出口部经理依赖的是同事的读心术和看穿紧闭之门的能力。

案例 36　谁是实验室里最聪明的仓鼠

赫奇兰德首先需要思考的是：一年、三年、五年以后他希望自己位于何处？想通过产品创新、产品改进与产品升级为威克斯托姆制药厂做出什么贡献？根据以往的经验，这需要付出什么努力？进行哪些工作？时间跨度是多久？换言之，起点应是对研究进行管理，把研究成果转化为经济效益（根据可用资金调整研究内容）应在最后而不是开始。赫奇兰德仍旧仅仅把预算视为一种财务工具而不是管理工具。

案例 37　精神失常的初中校长

校董事会违反了决策规则和沟通规则，没有检验自身的假设。校董事会的所有白人成员都知道，维克斯夫人会如同患病前一样自动成为校长候选人。没人对此提出异议，但实际上只要与校董事会的某位非裔美国人成员安静地待上一个小时，可能就足以意识到存在严重问题。校董事会成员试图进行"下行"沟通——从校董事会到非裔美国人团体。但即便"下行"沟通顺畅，也仍然会遭遇难题。实际上，尽管团体内的每名非裔美国人都非常清楚问题所在，但是他们并不急于说明。与一些非裔美国人团体领导者会谈起码可以让校董事会认识到，他们并不信任校董事会，尤其不相信校董事会可能选择一名非裔美国人而不是完全不适合的维克斯夫人。接下来校董事会可能需要采取行动以赢得非裔美国人团体的信任并设法与其开展合作。

案例 38 商业决策的结构

学员显然会明白，第一项提议能够立刻给中村先生带来利润，但不能帮他在美国市场树立品牌。如果国家瓷器公司在三年期满后更换供应商，那么中村先生可能会失去美国市场。第二项提议会导致中村先生在一段时期内没有利润，但他也无须进行资本投资，且不会面临风险。如果合资企业取得成功，那么中村先生的品牌会得以树立。学员难以看到的是两项提议在何种条件下适合中村先生。如果中村先生预期瓷器销售在本土市场会实现稳定增长，但产量已经达到当前产能极限，且只能以大规模增加产量的方式扩大产能，即扩大后的产量将远超日本市场几年所能消化的产量，并且除非从事出口，否则难以获得投资（这正是日本私营企业面临的情况），那么中村先生最好接受国家瓷器公司的提议。这将使他在没有任何风险的情况下度过几年时间，并获得所需资金，因为三年期满后，国家瓷器公司将承担失去供应商的风险。但如果中村先生有足够的产能，只是没有营销经验，也没有资金直接进入美国市场，那么塞梅尔巴哈的提议就更有吸引力。在采纳该提议后，中村先生无须借贷投入资金，且不用承担任何风险就能够进入美国市场。最后，中村先生需要思考一个问题：他究竟是否真的想要将公司扩张为一家大型企业？这个案例教给我们的是，需要深入思考做出某项决策所需的前提假设。

案例 39　企业的控制面板

克里斯汀·丘迪的出发点是下列问题：最高管理层真正想要知道的是什么？要想知道该问题的答案，唯一方法就是从新任首席执行官开始挨个询问最高管理层成员。首席执行官认为信息专家丘迪应该回答该问题，这是一种误解。信息是高管的工具，他应该深入思考并指出自己需要什么信息。信息专家的任务是获取信息，并将信息转换为合适的形式借高管使用。首席执行官说"给我一个控制面板"，就像某人说"给我一个工具"却不具体指明他要用其盖房子还是制作陶器一样，没有任何意义。然而，首席执行官的另一项要求具有一定的合理性，并且可以实现。在开始阶段，丘迪可以先草拟一份首席执行官可能想要的信息清单（远远用不了三个月），然后去问他"这是你想要的信息吗"。首席执行官可能会说"哦，不是"，但这仍有助于刺激他进一步思考。

案例 40　商业银行的组织结构

两份计划都采用了模拟分权制——或许这是商业银行唯一能够采用的分权制类型，但新总裁把重点放在"业务"分权方面，如抵押贷款业务、公司业务、国际业务等，而各个地区性银行把业务重点放在区域运营上，服务所属各大地区。实际上，银行这两者都需要。花旗银行或美国银行伦敦分行的负责人不仅是房东和设备管理方，还是业务负责人。然而，在伦敦以外运营的主要服务机构（负责公司业务、国际业务等）的负责人也（往往主要）是全球性企业银行业务或跨国银行业务的一部分。商业银行正朝着这种（相当混乱的）矩阵制组织结构发展。

本案例没有提到（尽管强烈地暗示）的是，两份计划都没有充分考虑到最高管理层的角色和组织结构（新总裁根本没有意识到什么是最高管理职能），也没有考虑到创新的角色和组织结构。

案例 41　商业银行：服务人员是哪些人

当然，这首先是一个关于业务分类的案例：传统员工的概念与现实工作（银行的数据处理职能成为真正的运营工作）之间的背离。即使这类工作不带来收益，但也会产生成果。但本案例也凸显出需要在组织结构和职业阶梯方面进行重大改革，以适应技术的发展。计算机打断了银行传统的职业阶梯，这是银行开展直接招聘的重要原因。现如今，接受管理培训的人员仅能做最低限度的传统"入门级"岗位，如出纳员。这也解释了为什么这些曾被视为成为银行家的最后一步的工作现在却越来越由兼职人员从事，而这些人并不想成为银行家。

案例42 商业银行：业务或服务

当然，佩雷斯博士是对的。只有两种选择：该业务完全可以在内部开展，作为专门为银行提供服务的成本中心；该业务也可以像企业那样运营，不偏袒商业银行，对所有客户都一视同仁。上述两者之外的任何其他选择都不可行。

案例43 环球电气公司

曼佐尼的激烈反对基于三个理由：首先，人事副总裁提议的组织结构违背了战略和业务需求，主要的扩张计划定位于欧洲国家，而组织结构却要求欧洲业务服务于增长缓慢或停滞的美国业务。其次，他提议的欧洲双重最高管理层结构荒谬透顶，这样每层都会无所事事。而且，他建议把重要的最高层人物（曼佐尼）置于一名在地位和经验方面远不如他，只够格当其下属的人之下。最后，该提议未能使公司最高管理层充分摆脱美国业务的掣肘。面对位于美国的三个事业部，最高管理层必然会把四分之三的精力用于相关业务，而三个美国事业部的收入总共仅占公司的一半，对公司增长的贡献甚至远远少于一半。该公司需要的是一种包括两个主要区域（或许可以把拉美地区作为第三个区域）的组织结构，每个区域由一位"总裁"领导，且每个区域都由一个最高管理层发挥董事会职能；或者该公司可以按主要产品线设立组织架构，将国家作为管理单位而不是业务单位（通用电气的做法）。但本案例中人事副总裁提议的组织结构只会妨碍公司在具有最大机遇的领域实现增长。

案例 44　首席执行官的职能

两位候选人在各自的业务领域都具有丰富经验。其中一位向来是顾问和参谋——最终决策由尼兰德做出，另一位则一直从事运营工作，在工作岗位上承担指挥责任，但缺乏制定政策和进行规划的经验。这两种经验哪种是不可或缺的？如果董事会不得不二选一，那么无疑应选择有实际指挥经验的候选人。我们知道如何给那些懂得如何决策或已证明具备该能力的人提供规划或政策建议，但我们不知道如何让优柔寡断的人做决策。

这种情况的一个解决办法是考虑候选人是否具备任职最高管理层的资格。一种替代方法是思考公司未来几年（可能）面临的主要挑战是什么。少数大型企业（如通用汽车公司）采用了后一种方法，但由于未来往往难以预测，该方法的效果并不突出。

案例 45　制药行业的研究协调

唯一奏效的组织结构是系统制。这意味着范德尔登不仅必须成为五个实验室中每个实验室的团队成员，经常在各实验室与其他成员开展合作，而且必须确保所有五个实验室的成员知道彼此的研究进展——主要由范德尔登详细告诉他们，进而他们可以通过时常碰面拟定明确的研究议程，以作为同事而不是对手开展工作。正如美国国家航空航天局发现的那样，在这种情况下，重复的风险总好过因工作两头落空而错失重要成果。

案例 46　暴虐专横的后果

学员和该公司的副总裁都会把批评的矛头对准布洛克，但很少有人发现布洛克可能没有其他选择。他承担责任却没有相应的权力，这是专制统治的经典做法。除非这种情形得到改变，如毫无作用的总裁被驱逐（调去担任行政委员会主席或其他没有实权的最高层职位），否则任何神志清醒之人都不会接手这份工作，并且任何继任者都会像布洛克那样开展工作。学员可能提出的建议包括：总裁接管、格林柏克接管、由副总裁组成的委员会接管。这些建议虽然本意良好但并不正式，所以无须考虑。公司需要的是一名领导者。多年前已经等同于退位的总裁是最不可能的接管人选，格林柏克太年轻且缺乏相应的经验，多位副总裁已经习惯了服从强势领导者，他们自己缺乏决策经验，彼此之间只会争吵不休。

第八篇

关于战略与结构的附加案例

案例 47　公司规模大有什么好处

关于第一个问题，德·威特的观点要比奥吉尔更正确一些。如果某企业由一批小企业组成，适合该企业的最高管理结构与适合大企业联盟（每家子企业都能够独自支撑其所需的全部管理）的最高管理结构必然存在非常重大的区别。无论在哪里尝试由同一个最高管理层管理上述两种类型的企业，都必然会遭遇麻烦和挫败。但是关于第二个问题，奥吉尔的观点要比德·威特更正确一些：尽管每过三四十年左右就会流行一次，但该企业旗下包含各种行业、技术和市场的"企业集团"[⊖]从来没有特别成功。一家企业需要具备一致的核心（无论是在市场还是技术领域），必须从多样性中创造出一致性。

案例 48　通用汽车与小型进口汽车

没人能说清楚，如果通用汽车之前没有进入小型汽车业，

⊖　企业集团（conglomerate）：由大量分布在各行各业的公司组成的企业，许多此类企业出现于 20 世纪 60 年代末。——译者注

那么在 20 世纪 60 年代它是否还愿意进入，更没人能说清楚该
公司是否会取得成功。但通用汽车的庞大规模使其难以（如果不
是不可能的话）考虑这种战略，所以规模已经成为一种障碍。早
在 20 世纪 40 年代，通用汽车管理层就有人曾经想要把雪佛兰
剥离出去，并且当时这么做难度也不大。这种做法是有道理的。
如果一家企业的规模过大导致其无法做出正确的经营决策（要么
由于在当地社区中的规模太大以至于不得不把社区利益置于企
业最佳利益之前，要么如同本案例中一样，其规模已经成为一
个政治问题），那么该企业的规模就是有问题的。

案例 49　机电企业：欧洲分公司

机电企业明显犯了一个错误——尽管事后看来要比事前更
加明显。它根本不清楚如何弥补该错误。替代方案是什么？冒
着永久丧失法国政府部门业务的风险，厚着脸皮挺过去吗？或
许它在其他欧洲国家政府的业务也会流失。冒着失去克鲁斯博
士和严重冒犯德国客户的风险，派一名美国人去负责吗？也许
它仍会失去在德国的业务。把布鲁塞尔业务集群转变为克鲁斯
管理的北约国家业务销售办事处，并恢复欧洲分公司在各国的
业务自主权？这听起来似乎很有吸引力，但仔细思考一下就会
认识到该方案不会取悦任何人，尤其难以让进退维谷的克鲁斯

博士满意。但除上述办法之外确实没有其他选择。因此，该公司可能不得不在下列两种情形中做出选择：厚着脸皮挺住，但代价是商业风险和个人风险（欧洲人尊重克鲁斯博士）都非常高，几乎确定该公司会失去克鲁斯博士；派一名美国人去负责，但德国业务会严重受损。当然，该公司可能会"提拔"克鲁斯博士担任"欧洲总裁"，并任命一名美国人担任首席执行官。但这能够安抚任何人，尤其是法国海军部门和克鲁斯博士吗？本案例的一个教训是，企业绝不能把逻辑或组织强加于市场。在本案例中，即使欧洲各国政府在一个紧密联系的市场中共存，但仍然具有高度民族主义色彩。

案例 50　大众的甲壳虫汽车：在德国、美国和巴西

这可以被看作一个关于决策的案例。大众汽车的新任首席执行官并没有真正深入思考谁将必须执行该决策，因此忽视了工会的反应。尽管工会的反应是短视的，但仍可以预见。这也可以被看作一个关于跨国公司的案例，本案例中经济现实（要求跨越国界的经济一体化）与政治现实直接冲突。这还可以被看作一个关于客户感知和客户期望的案例，"大众"这个名字不会从美国客户（如经销商）观念中德国制造的汽车转移到巴西制造的汽车上。此外，这或许还可以被看作关于工会的角色和功能、让员工参与工会的难题的案例。

第二部分

《认识管理》
习题与答案

AN INTRODUCTORY VIEW OF MANAGEMENT

INSTRUCTOR'S MANUAL

导论：管理和管理者

1. 管理者始终是对他人的工作负有责任之人。（判断题）

2. 下列哪个选项不是管理者的基本工作？＿＿＿＿。

 A. 设定目标

 B. 谈判贷款

 C. 开展评估

 D. 激励员工

 E. 进行组织

3. 管理应被视为实践而不是＿＿＿＿。

4. 管理者实践的是什么？＿＿＿＿。

 A. 经济

 B. 定量

 C. 行为科学

D. 管理

E. 上述都正确

5. "企业家"这个词是由_____创造的。

6. 谁最早预见到了组织的出现？_____。

A. 亚历山大・汉密尔顿

B. 亚当・斯密

C. 卡尔・马克思

D. 圣西门伯爵

E. 罗伯特・欧文

7. 第一次世界大战结束后第一波管理热潮得以出现。（判断题）

8. 请把下列人士与各自从事的工作进行匹配：

A. 雨果・芒斯特伯格　　1. 界定卓有成效的最高管理层

B. 涩泽荣一　　　　　　2. 把社会科学应用到工作中

C. 乔治・西门子　　　　3. 设计分权制组织结构

D. 皮埃尔・杜邦　　　　4. 研究决策

E. 切斯特・巴纳德　　　5. 设想职业经理人

9. 组织中用以确定哪些人负有管理责任的首要标准是_____。

10. 管理者开展工作的基本资源是_____。

11. 管理是一门"价值无涉"的科学。（判断题）

管理的维度

1. 每个组织的管理层都面临着三项主要任务：

（1）_____；

（2）_____；

（3）_____。

2. 工商企业的首要任务是_____。

3. 工商企业只有一种真正的资源，那就是：_____。

A. 资本

B. 工厂

C. 商誉

D. 存货

E. 上述都错误

4. 唯一能够成长和发展的资源是_____。

5. 管理者最重要的工作是管理组织造成的社会影响。（判断题）

6. 决策的后果显现及证明其正确性所需的时间跨度：_____。

    A. 不断延长

    B. 不断缩短

    C. 没有变化

    D. 无关紧要

7. 效率是致力于正确地做事，效果则是_____。

8. 卓有成效的管理者：_____。

    A. 专注于产生成本的工作

    B. 增加日常事务的数量

    C. 专注于产生成果的工作

    D. 上述都正确

9. 管理：_____。

    A. 是经济的创造物

    B. 本质是创新

    C. 掌控经济环境

    D. 改变环境

    E. 上述都正确

10. 企业生产的产品必须要比构成企业原材料的资源更多更好。

    （判断题）

11. "自由企业"要证明自身的合理性，单靠有利于工商业发展

    还不够，需要有利于_____才行。

12. 时间是管理的第四个维度。（判断题）

西尔斯公司

1. 理查德·西尔斯是把西尔斯公司缔造为一家现代企业的卓越企业家。（判断题）

2. 西尔斯公司创造的细分市场是：_____。

    A. 小商人

    B. 独立企业家

    C. 农业者

    D. 城市居民

    E. 上述都错误

3. 在开展零售业务的第一个 10 年，西尔斯公司最大的发展瓶颈是_____。

4. 今天，西尔斯公司把最多的资本投向了：_____。

    A. 制造工厂

　　B. 零售商店

　　C. 大众商品库存

　　D. 高档商品库存

　　E. 上述都错误

5. 西尔斯公司是世界上规模最大的零售商。（判断题）

6. 西尔斯公司向零售业扩张的结果是：

　　A. 组织结构的彻底变革

　　B. 分散化

　　C. 向零售商店投资

　　D. 发展数以百计小型供应商

　　E. 上述都正确

7. 在过去 20 年中，西尔斯公司自我重新定位为_____。

8. 当前西尔斯公司与供应商之间的关系定位为_____而非购买。

9. 美国市场将要发生转变，西尔斯公司可能尚未进行战略定位。

　　（判断题）

企业是什么

1. 所有企业面临的第一道考验是：_____。

   A. 利润的最大化

   B. 获得足够利润来应对经济活动的风险，从而避免亏损

   C. 利润动机的发展

   D. 上述都错误

2. 关于企业的宗旨，只有一个有效的定义：_____。

   A. 创造利润

   B. 创造工作岗位

   C. 生产高质量的产品

   D. 创造消费者（客户）

   E. 上述都错误

3. 企业两项基本的企业家职能是：

　　（1）＿＿＿＿＿＿＿＿；

　　（2）＿＿＿＿＿＿＿＿。

4. 营销的真正起点是：＿＿＿＿＿。

　　A. 消费者需求

　　B. 必须销售的产品

　　C. 培训销售人员

　　D. 寻找"我们的市场"

5. 目标明确的系统性创新的最佳组织方式是将其作为整个企业

　　的活动，而不是特定职能部门的工作。（判断题）

6. 企业的＿＿＿＿＿是负责有效利用创造财富的资源。

7. 生产率是＿＿＿＿＿的函数。

　　A. 应用知识

　　B. 成本与成果分析

　　C. 利用时间

　　D. 恰当的产品组合

　　E. 上述都正确

8. 利润不是原因而是＿＿＿＿＿。

9. ＿＿＿＿＿发明了现代营销的基本工具。

　　A. 赫伯特·胡佛

　　B. 皮埃尔·杜邦

C. 理查德·西尔斯

D. 塞勒斯·麦考密克

10. 保护消费者利益能成为一场声势浩大的群众运动，恰恰证明了营销实践的缺失。（判断题）

11. 最有成效的创新是_____。

12. 创新不是发明。（判断题）

企业的宗旨和使命

1. 关于"业务是什么"的问题，_____为美国电话电报公司找到了最初，也是最成功的答案。

2. 重大决策只有立足于不同的观点，才有机会成为正确的、有效的决策。（判断题）

3. 关于企业的宗旨和使命的定义，起点是：_____。

    A. 企业的产品

    B. 企业的服务

    C. 企业的销售队伍

    D. 企业的消费者

    E. 上述都错误

4. 企业应该有且只有一种消费者或客户。（判断题）

5. 企业对消费者的价值体现在：_____。

　　A. 价格

　　B. 质量

　　C. 风格

　　D. 耐用

　　E. 上述都正确

6. 企业何时应该思考"业务是什么？"_____。

　　A. 初创时期

　　B. 衰退时期

　　C. 成功时期

　　D. 失败时期

　　E. 上述都正确

7. 询问"我们的业务将是什么"的起点是_____。

8. 开展不同于以往的新业务的决策很重要，但同样重要的是有计划地、系统性地_____陈旧业务。

9. 索尼公司认识到并满足了消费者的哪些需求？_____。

10. 之所以说在最高管理层引入异议非常重要，主要原因是"业务是什么"这个问题_____。

11. 迟早有一天，哪怕"业务是什么"这个问题最正确的答案也会过时。（判断题）

目标的力量与宗旨：
玛莎百货公司的案例

1. 能够与西尔斯公司相提并论的英国企业是_____。

2. 玛莎百货公司将企业的宗旨和使命重新界定为_____。

3. 玛莎百货公司取得成功的关键是_____决策。

4. 玛莎百货公司在营销中设定了创新目标。（判断题）

5. 玛莎百货公司取得成功是因为在下列哪些领域设立了目标？____。

    A. 零售店的生产率

    B. 社会责任

    C. 与供应商的关系

    D. 有系统地开发财务资源

    E. 上述都正确

6. 列举企业必须设定目标的八个关键领域是_____。

7. 目标是决定未来的命令。（判断题）

8. 当前围绕目标管理展开的讨论往往致力于寻找"一个正确目标"，为什么这会造成伤害和误导？_____。

9. 目标是各项工作和安排的基础。（判断题）

战略、目标、优先事项、工作安排

1. 目标只有在做出哪两项关键决策之后才能确立？_____。

2. 在一个新市场中独自占据主导地位的供应商的业绩，可能不如其与其他几家供应商瓜分该市场时的业绩。（判断题）

3. 某个行业陷入衰退的第一个信号是_____。

4. 检验管理能力的首要标准是_____。

5. 使我们能够界定整个企业生产率的基本概念是：_____。

    A. 贡献价值

    B. 收入总额

    C. 投资回报

    D. 上述都错误

6. 有必要对利润进行相应的计划，但需要计划的是：_____。

A. 利润最大化

B. 最低利润率

C. 消除风险

D. 上述都错误

7. 日本企业获得所需资本的制度更容易使管理者明白利润的功能。(判断题)

8. 利润率不仅仅是一种需要，也是一个_____。

9. 预算的真正作用在于管理而不是财务。(判断题)

战略规划：企业家技能

1. 战略规划是：_____。

   A. 制定对于当前存在风险的决策，并具备一定前瞻性

   B. 预测

   C. 一种技术

   D. 制定未来的决策

   E. 上述都正确

2. 战略规划旨在规避风险。（判断题）

3. 正是_____决定了战略规划的时间跨度。

4. 恰恰因为我们不能_____，战略规划才成为必要。

5. 除非战略规划_____，否则再好的规划也不过是美好的愿望。

6. 制定非常有前瞻性的风险决策定义了_____的角色。

  A. 会计师

  B. 投资者

  C. 管理者

  D. 工作者

  E. 上述都错误

7. 根据定义，经济活动就是把现有资源用于_____。

8. 战略规划的一个重要部分是设计一种方法比较决策的实际成果和预期成果。（判断题）

多机构社会

1. 在每家大型企业中，服务人员和服务职能都一直高速增长。（判断题）

2. 服务机构本质上是不可管理的，无法表现出卓越的绩效。（判断题）

3. 除了各自的_____之外，服务机构和企业并没有太多差异。

4. _____将越来越被视为发达社会面临的核心管理挑战，也是发达社会最重要的管理需求。

5. 所有服务机构都有赖于经济活动产生的经济盈余的支持。（判断题）

6. 美国国民生产总值的一半都用于服务机构。（判断题）

服务机构绩效不佳的原因

1. 因为服务机构所处的领域_____，所以它们不会像处于竞争性市场中的企业那样受到外部强加的成本限制。

   A. 没有竞争

   B. 太多竞争

   C. 通常没有竞争

   D. 有工会

2. 无论是企业还是服务机构，都只能实现具体的、有限的、界定清晰的目标。只有在目标定下来之后，才能进一步配置需要的资源。（判断题）

3. 服务机构与企业的一个基本区别在于_____不同。

   A. 政府规制

　　B. 广告宣传

　　C. 纪律训练

　　D. 收入来源

　　E. 组织方式

4. 对依靠预算的机构来说，"成果"取决于：_____。

　　A. 人员数量

　　B. 工厂范围

　　C. 投资数额

　　D. 预算规模

　　E. 上述都错误

5. 当预算规模成为评估绩效的决定性标准时，_____就无从谈起了。

　　A. 劳动力

　　B. 生产率

　　C. 效率

　　D. 公众

6. 依靠预算拨款会导致相关机构无法确定优先事项和集中资源，而若不把稀缺资源集中用于少数几个重点事项，就会一事无成。（判断题）

7. 服务机构的根本性问题是因承诺而非绩效获得经费。（判断题）

若干例外及经验教训

1. 关于美国的电话企业，_____提出了著名的界定"我们的业务是服务"。

    A. 亚伯拉罕·马斯洛

    B. 塞缪尔·龚帕斯

    C. 西奥多·韦尔

    D. 亚当·斯密

    E. 上述都错误

2. 大体而言，监管机构有三种职能：

（1）_____；

（2）_____；

（3）_____。

3. _____校长，虽然孜孜以求"道德领导力"，但着手为哈佛大学毕业生设立了最早的就业办公室。

   A. 查尔斯·艾略特

   B. 安德鲁·怀特

   C. 丹尼尔·吉尔曼

   D. 威廉·哈珀

   E. 约翰斯·霍普金斯

4. 私人资本家不掌握生产资料的经济体系中的竞争被称为：_____。

   A. 民主竞争

   B. 社会主义竞争

   C. 垄断竞争

   D. 资本主义竞争

   E. 上述都错误

5. 能通过市场检验的经济体，就一定能够产生卓越的绩效和成果。（判断题）

6. 资本家和社会主义者一致认为，在市场失灵之处，"公共政策"可以提供指导并进行控制。（判断题）

7. 美国电话电报公司的例子表明，例外的服务机构实现卓越绩效不是天方夜谭，但没有指明实现的方法。（判断题）

8. 市场能作为所有机构的组织方法。（判断题）

9. 哥伦比亚大学校长尼古拉斯·巴特勒认为，大学的功能是教

育学生系统地运用理性，思考现代社会面临的基本难题。（判断题）

10.安德鲁·怀特、查尔斯·艾略特、丹尼尔·吉尔曼、戴维·乔丹、威廉·哈珀共同的观点是_____。

服务机构的绩效管理

1. 服务机构：_____。

    A. 需要界定"业务是什么及应该是什么"

    B. 必须把有关宗旨和使命的阐述转化为清晰明确的目标

    C. 需要设定优先事项，确定目标

    D. 确定绩效的评估方法

    E. 上述都正确

2. 要提高服务机构的绩效，需要的不是伟大的领导者。（判断题）

3. 自然垄断的一个例子是美国的大学。（判断题）

4. 在政府监管之下自治管理的垄断企业：_____。

    A. 在结构方面的需求最低

    B. 可能比不受监管的私营垄断企业或国有垄断企业更加积极

地回应消费者的不满和需求

C. 必定没有效果且效率低下，还会造成剥削

D. 上述都错误

5. 以中小学、大学和医院为典型代表的服务机构：_____。

　A. 必须设定绩效和成果的最低标准

　B. 有必要获得自治权

　C. 是发达社会的典型特征

　D. 上述都正确

　E. B 和 C 正确

6. 在结构方面需求最低的服务机构是：_____。

　A. 从预算拨款中获取经费的机构

　B. 根据奥斯卡·兰格式"社会主义竞争"模式管理的机构

　C. 自然垄断机构

　D. 联邦贸易委员会

7. 高度结构化、统一地构建和运作的通常是：_____。

　A. 政府直接控制和直接运作的机构

　B. 大型企业

　C. 小型企业

　D. 上述都错误

8. 服务机构需要：_____。

　A. 接受绩效评估

B. 企业化管理

C. 彻底思考自身的独特功能、宗旨和使命

D. A 和 C 正确

E. B 和 C 正确

9. 高度结构化、统一地构建和运作的服务机构面临的一个最大难题是：_____。

A. 未能及时抛弃绩效不佳的项目

B. 资本缺乏

C. 研究经费不足

D. 行政人员不足

E. 程序缺乏

10. 我们需要接受一个基本前提，即假定每个政府机构和立法机关的每项事务都是永久性的。（判断题）

新现实

1. 在所有发达国家，越来越多的劳动力不是用手做工，而是用_____来做工。

   A. 思想

   B. 观念

   C. 理论

   D. A、B、C 都正确

   E. A、B、C 都错误

2. 知识性工作者的社会地位和身份正迅速下降。（判断题）

3. 今天发达国家的体力劳动者：_____。

   A. 普遍不受尊重

   B. 非常受尊重

C. 对自我、组织、管理层产生怀疑

D. B 和 C 正确

E. A 和 C 正确

4. 体力劳动者的身份地位发生了变化，最明显的表现就在于：_____。

A. 工会领导群体的素质急剧下降

B. 知识工作者的崛起

C. 政府规制的加强

D. 上述都正确

5. 工会领导者越来越_____工会成员。

A. 难以掌控

B. 加强掌控

C. 充分了解

D. 不感兴趣

6. 在特定范围内，_____在工业社会中发挥着至关重要的功能。

A. 高级管理层

B. 工会

C. 工人

D. 上述都错误

7. 企业中权力需要受到约束的是：_____。

A. 老板

B. 受过系统教育的新中产阶级

C. 资本家

D. 私营企业

8. 最激烈的权力冲突将在_____爆发。

A. 工人与公共利益之间

B. 私营企业或工商界

C. A、B 都正确

D. A、B 都错误

9. _____面临的工业关系难题可能要比企业的更加难以处理，而且这类机构的准备工作也更加不足。

A. 工会

B. 政府机构

C. 公共服务机构

D. 私营企业

10. 我们能否解决工会日益加深的危机，以及解决的方式，将对_____产生重大影响。

A. 未来的企业

B. 未来的经济

C. 未来的社会

D. A、B、C 都错误

E. A、B、C 都正确

11. 除了最低层次的知识工作者，绝大多数知识工作者都不在恐惧的驱使下工作，唯有_____和_____才富有成效。

12. 多数知识工作的生产率：_____。

    A. 无法真正界定

    B. 难以衡量

    C. A 和 B 都错误

    D. A 和 B 都正确

13. 多数_____参加工作，很可能会成为一个发达国家的标志。

14. 管理工作和管理做工面临_____主要挑战。

工作、做工与员工

1. 研究在一起工作的人相互间的关系被称为：

    A. 参与式管理

    B. 雇员管理

    C. 人际关系研究

    D. 上述都正确

2. 我们需要一种_____感知过程中需要校正的意外偏差，并将过程保持在获得理想结果的水平上。

    A. 综合控制

    B. 心理控制

    C. 分析

    D. 反馈机制

3. 在生理维度，人们相信：_____。

A. 人不是机器，也不像机器那样工作

B. 人适合重复性地只做一件尽可能最简单的任务

C. 人按照"正确的"速度和"正确的"节奏工作最好

D. 上述都正确

4. 把人比作机器，我们发现人：_____。

A. 容易疲劳

B. 力量微弱

C. 毅力不足

D. 上述都正确

5. 当_____时候，人容易达到最佳工作状态。

A. 能够变换速度

B. 从事一系列操作

C. 能够变换节奏

D. A、B、C 都错误

E. A、B、C 都正确

6. 自古以来，工作在社会上最重要的价值是：_____。

A. 提供经济保障

B. 消磨时间的方式

C. 满足人们融入群体的需求

D. 上述都错误

7. _____和_____已经成为美国经济中占主导地位的投资者，美国企业的员工通过它们逐步成为真正的"所有者"。

8. 现代社会是一个雇员社会，且未来仍将如此。这意味着权力关系会直接影响到我们所有人，并且影响到人们作为员工的表现。在这种关系中，工作的一个本质维度是：_____。

　　A. 控制

　　B. 权力

　　C. 道德

　　D. 人际关系

9. 在企业机构中，在各成员间分配可用收入的系统被称为：_____。

　　A. 激励计划

　　B. 员工经济参与计划

　　C. 再分配制度

　　D. 上述都错误

10. 关于机构的分配问题，下列陈述不正确的是：_____。

　　A. 并不是某种形式的所有权的特征

　　B. 不能被控制并彻底摆脱

　　C. 必须由政府制定分配收入的决策

　　D. 上述都符合

11. _____认为主导维度是工作群体内部的人际关系。

　　A. 亚伯拉罕·马斯洛

B. 卡尔·马克思

C. 埃尔顿·梅奥

D. 彼得·德鲁克

12. 人本主义心理学行为观的创始人_____认为人的需要可以划分为不同层次。

A. 亚伯拉罕·马斯洛

B. 西里尔·伯特

C. 埃尔顿·梅奥

D. 上述都错误

使工作富有成效：工作和过程

1. 具有技术性、非技术性及知识性的不是工作，而是员工。（判断题）

2. 要使工作富有成效，需要进行哪四种相互独立的活动？＿＿＿＿＿＿＿。

3. 下列哪位管理学家研究了工作中的操作规程？＿＿＿＿＿。

   A. 弗兰克·吉尔布雷斯

   B. 弗雷德里克·泰勒

   C. 亨利·甘特

   D. 埃尔顿·梅奥

4. 工作分析最关键的步骤是界定所需的最终产品。（判断题）

5. 下列哪个选项是生产系统？＿＿＿＿＿。

  A. 独特产品的生产

  B. 刚性大规模生产

  C. 弹性大规模生产

  D. 连续生产或"流水"生产

  E. 上述都正确

6. 投入了一个复杂生产系统所需的全部成本，却没有获得相应

  优势的一个行业是：_____。

  A. 碱性炼钢业

  B. 汽车制造业

  C. 纺织服装业

  D. 石油化工业

7. 下列哪个选项是独特产品生产系统的例子？_____。

  A. 汽车

  B. 摩天大楼

  C. 战舰

  D. A 和 C 正确

  E. B 和 C 正确

8. "大规模生产"与流水装配线是一回事。（判断题）

9. 炼油业是哪种生产系统的典型例子？_____。

10. 连续生产不是一个整合的系统。（判断题）

11. 哪种生产系统适用于劳动密集型产业？_____。

12. 下列哪种生产系统需要大量的初始投资，且管理者在设计并维护系统方面要具备高超技能？＿＿＿＿＿＿＿。

    A. 独特产品的生产

    B. 刚性大规模生产

    C. 弹性大规模生产

    D. 连续生产

13. 哪种生产系统需要管理者擅长技术职能？＿＿＿＿＿＿＿。

14. 管理者需要了解，他们必须管理的生产过程的不同阶段真正适合采用哪种生产原则。（判断题）

15. 下列哪种生产系统需要管理者接受过把企业作为一个整体及决策方面的培训？＿＿＿＿＿＿＿。

    A. 弹性大规模生产

    B. 连续生产

    C. 独特产品的生产

    D. A 和 C 正确

    E. A 和 B 正确

使工作富有成效：核查与工具

1. 关于对工作过程进行核查，下列哪一项是正确的？ ＿＿＿＿＿。

   A. 对工作过程进行核查意味着对工作的控制

   B. 不是对员工的控制

   C. 控制是员工的工具

   D. A、B、C 都正确

   E. A、B、C 都错误

2. 对工作过程进行核查最重要的目标之一是以最低成本获得想要的成果。（判断题）

3. 对所有产品和服务进行核查是完善控制系统的一个关键要素。（判断题）

4. 控制系统能控制的只是正常生产过程，但必须识别真正的 ＿＿＿＿＿。

5. 下列例子中哪个不是控制系统的典型例子？＿＿＿＿＿＿。

　　A. 常规工作的处理

　　B. 通过丰富化工作保持员工对工作的兴趣

　　C. 从事常规工作之前处理有问题的情况或例外情况

　　D. 上述都不是

6. 美国人寿保险公司惯用的制度优于日本、英国等国家的相关制度。（判断题）

7. 下列哪一项不属于常规情况的三种模式？＿＿＿＿＿＿。

　　A. 标准化的输入与输出

　　B. 表面上显现出多种情况，但实质上包括一系列子模式

　　C. 在随机与独特事件中确立模式

　　D. 界定适用于独特事件的相关标准

8. 当一个生产过程看起来无法预测时，实际上最可能的情况就是假定该过程包含若干非常标准化的＿＿＿＿＿＿。

9. 专业人员对工作的不满主要是由于缺乏适用于＿＿＿＿＿＿占主导的模式的控制系统。

10. 从事一项工作最好的工具需要具备以下特点：＿＿＿＿＿＿。

　　A. 最少的努力

　　B. 最简单的方式

　　C. 最小的能耗

　　D. 上述都正确

11. 技术工具的最佳使用方式是始终处在运转状态。（判断题）

12. 当你为工作配备恰当的工具并且工具服务于工作时，工作就
能够富有成效。（判断题）

13. 工具是工作和做工之间的_____。

14. 机械化最主要的危险是：_____。

　　A. 把人当成机器的一部分

　　B. 技术成为人类的主人，反过来奴役人类

　　C. 工具滥用成为导致工作团队成员彼此产生冲突的因素

　　D. A 和 B 正确

　　E. A 和 C 正确

15. 自动化是机械化的高级形式。（判断题）

16. 使工作富有成效的最大管理机会之一蕴含在应用与学习_____之
类工作应用知识的过程中。

17. 适用于体力工作的方法和技术不能用于开发工作。（判断题）

做工与员工：理论和实践

1. 根据道格拉斯·麦格雷戈的 X 理论，下列哪项关于人的假设是错误的？_____。

   A. 懒惰

   B. 讨厌并逃避工作

   C. 必须受到驱使才会动起来

   D. 唯有受到奖励才会工作

2. 根据道格拉斯·麦格雷戈的 Y 理论，下列哪项假设是正确的？_____。

   A. 工作是人的一种心理需求

   B. 人们渴望取得成就

   C. 人们愿意承担责任

D. A、B、C 都正确

E. A、B、C 都错误

3. 亚伯拉罕·马斯洛认为遵循 Y 理论的管理方法存在什么错误？_____。

　A. 不能激励员工

　B. 不能满足员工的需要

　C. 对那些弱势员工不公平

　D. 上述都错误

4. 下列哪项结论是亚伯拉罕·马斯洛对 Y 理论的看法？_____。

　A. Y 理论不是宽容的

　B. Y 理论不是不受约束的自由

　C. Y 理论不会纵容员工

　D. 上述都正确

5. 遵循 X 理论的传统管理方式，也就是_____不再有效，这是基本的现实。

6. 当把金钱作为员工的动力时，我们发现：_____。

　A. 员工已经超越了物质层面的满足

　B. 对物质的期望日益增长，使得金钱越来越成为一种效果平平的推动因素

　C. A 和 B 错误

　D. A 和 B 正确

7. 关于马斯洛的需要层次理论，我们发现：_____。

　　A. 无论你做什么，都不会完全满足员工的需要

　　B. 只要一种需要得到满足，员工就会产生其他有待满足的需要

　　C. 管理层没必要满足员工的需要

　　D. 上述都错误

8. 经济回报_____以至于不能作为主要的_____。

9. 在新的管理现实下，管理层想要替代传统的 X 理论式管理，他们遇到的阻力主要来自：_____。

　　A. 最高管理层

　　B. 工会

　　C. 员工

　　D. 上述都错误

10. 工业心理学家频繁使用的术语是：_____。

　　A. 自我实现

　　B. 完整的人

　　C. 创造力

　　D. 上述都正确

11. 按照新的心理方法进行管理，即：_____。

　　A. 说服取代了命令

　　B. 说服被视为病态的、不成熟的

　　C. 人必须被操纵

D. 上述都错误

12. 心理专制，无论开明与否，都是_____，因为其从根本上说
是对他人的鄙视。

13. 下列哪一项不属于遵循 Y 理论管理的假设？_____。

A. 部分员工想要有所成就

B. 管理者必须愿意接受对自我的高要求

C. 管理者必须帮助员工取得成就、做工取得成果

D. 所有人都想要有所成就

从人事管理到对人的领导

1. 员工要为自己的工作负责。这就要求：_____。

    A. 工作富有成效

    B. 及时获得反馈信息

    C. 持续学习

    D. 上述都正确

    E. A 与 B 正确

2. 工作中的创造力是：_____。

    A. 零散的

    B. 有效率的

    C. 无效率的

    D. 比专业知识更高级的

E. 上述都错误

3. 需要反馈信息的原因是: _____。

A. 对工作进行自我控制

B. 只有熟练工人需要

C. 评估生产过程中的变化

D. 运用计算机分析生产过程

E. 出于安全考虑

4. 持续学习不能: _____。

A. 帮助非熟练工人

B. 提高管理水平

C. 取代新技能培训

D. 取悦最高管理层

E. 提高工作绩效

5. 富有成效的工作、反馈信息与持续学习: _____。

A. 是管理层单方的"特权"

B. 是众所周知的经验

C. 是独特的管理任务

D. 需要员工参与

E. 上述都错误

6. 明确的权威结构有助于: _____。

A. 员工对工作负责任

B. 确定"未经授权"的决策来源

C. 确定决策的出处

D. 上述都正确

E. A 和 B 正确

7. 员工和工作团队的责任是:_____。

A. 团队的研发工作

B. 做好他们自己的岗位

C. 思考工作该如何开展

D. 改善工作、过程及自己的技能

E. B、C、D 都正确

8. 流水装配线工作丰富化的直接后果是:_____。

A. 中层管理岗位缩减

B. 生产成本增加

C. 产出增长,员工流动率下降

D. "模块"的数量增加

E. 每名员工从事更多种类工作导致产量下降

9. 员工的责任是:_____。

A. 具有较低水平的自信

B. 取得成就

C. 每天打卡上班

D. A、B、C 都正确

E. A、B、C 都错误

10. 知识性工作者：_____。

A. 需要激励

B. 需要家长制

C. 难以监督

D. 需要监督

E. A 和 D 正确

11. 监工是：_____。

A. 是"管理层"

B. 怀有怨恨和敌意

C. 受教育水平有限

D. 工会的调解人

E. 管理层与员工之间的调解人

12. 一名监工应该：_____。

A. 扮演警察角色

B. 作为工作团队的"助理"

C. 作为一名行政人员

D. 由下级选举产生

E. 被授予更大的权力，享有更多自由

13. 任何治理机构越是_____，治理就越有效果，力量就越强。

A. 制定更多决策

B. 方便取用相关记录

C. 拒绝制定不必要的决策

D. 实施更多福利项目，组织更多娱乐活动

E. 集权化

14. 为了能够承担责任，员工应该:_____。

A. 保障收入和工作稳定

B. 需要一定的流动性

C. 掌握更大的决策权

D. 上述都正确

E. A 和 B 正确

15. 美国的员工:_____。

A. 频繁更换工作

B. 在一家企业工作直至退休

C. 对雇主不忠诚

D. 往往在大学毕业后的职业生涯初期跳槽一次，直至退休不
再跳槽

E. 不喜欢工作

16. 雇主承诺为被裁的员工寻找新工作是由于:_____。

A. 他想要给员工心理安全感

B. 法律要求

C. 这会让他感到心理安慰

D. 工会的压力

E. A 和 C 正确

17. 与股东正逐步合二为一的事实，似乎非常强烈地影响了员工对利润的敌意态度。（判断题）

18. 将分配利润份额作为收入的计划：_____。

A. 是不够的

B. 会受到波动影响

C. 可能导致挫折和怨恨

D. A 和 B 正确

E. B 和 C 正确

19. 美国的福利支出：_____。

A. 仍旧不到美国企业全部人工成本的 1/3

B. 是长期增长过程的结果

C. 受到妥善管理

D. A、B、C 都正确

E. A、B、C 都错误

20. 福利应该有以下特点：_____。

A. 其构建旨在给受益人提供最高的金钱收益

B. 应该固定最低额度，但福利经费应该上下浮动

C. 为每个群体制定出符合其需求的福利组合方案

D. 应该尽可能由工作社区负责管理资金

E. 上述都正确

21. 对人员进行管理的传统方法包括：_____。

　　A. 福利方法

　　B. 人事管理方法

　　C. "克虏伯"方法

　　D. A 和 B 正确

　　E. A 和 C 正确

22. 福利方法的风险是：_____。

　　A. 低效率

　　B. 创造过高的期望却无法满足

　　C. 容易崩溃

　　D. 员工过于依赖福利

　　E. 上述都错误

23. 人事管理：_____。

　　A. 只有在雇用大批人员的场合才适用

　　B. 不包括人员的选拔和雇用

　　C. 从未得到正确地应用

　　D. 支持性工作主要是支持工作社区

　　E. 如同清理厨房

24. 组织的宗旨就在于帮助人们扬长避短追求卓越。（判断题）

25. 优化管理者工作的方式是：_____。

A. 仔细进行人员配置

B. 降低原材料成本

C. 精心检验非熟练工人

D. 上述都正确

E. A 和 C 正确

社会影响和社会问题

1. 1918 年出版的著作《人类的劳动需求》的作者是：_____。

   A. 卡尔·马克思

   B. 本杰明·朗特里

   C. 亚瑟·恩格尔

   D. 保罗·萨缪尔森

2. 对企业社会责任的要求是_____的代价。

   A. 规模

   B. 稳定

   C. 成功

   D. 规模与管理政策

3. 由于社会变革的需要，已经有人认为：_____。

   A. 企业应解决政府无法解决的问题

B. 政府应控制企业不要变得太强势

C. 限制垄断

D. 政府与企业对人们的控制日益被削弱

4. 20 世纪，在多数发展中国家，_____已经成为整个社会的领导者。

A. 教士

B. 有政治头脑的人

C. 重要组织的管理者

D. A 和 B 正确

5. 当前对企业的新要求是：_____。

A. 缔造社会价值观和信仰，为个人创造自由，并构建美好社会

B. 创造就业与更安全的环境，尽力满足消费者的需要

C. 创造高利润，同时满足社会需要并将其作为次要目标

D. 只要股东遵守法律，就应满足其任何要求

6. 组织的社会责任可能体现在两个方面：_____。

A. 员工的问题及工厂所在的社区问题

B. 各类组织的社会影响及社会本身的问题

C. 社会的需要和愿望

D. A 和 C 正确

7. 影响可以被最好地解释为：_____。

A. 企业的力量

B. 社会力量对企业的影响

C. "摩擦"

D. A 和 B 正确

E. A、B、C 都错误

8. 管理层处理社会影响的第一项工作是：_____。

A. 冷静而现实地识别并监测组织造成的社会影响

B. 尽力消除社会影响

C. 尽力克服并最小化社会影响

D. B 和 C 正确

9. 美国国会成立技术评价办公室是为了：_____。

A. 评估新的发展

B. 确定技术增长的领域

C. 预测新技术的长期影响

D. A 和 B 正确

10. 一家组织如何才能最好地处理社会影响？_____。

A. 进行研究

B. 吸收社区成员进入董事会

C. 制定减缓增长的计划并逐步扩大生产设施

D. 消除组织造成的社会影响，或制定计划使影响最小化

11. 监管是必要的，但影响无法消除，这是因为：_____。

A. 研究是必要的

B. 法律不能涵盖所有可能的影响

C. 会增加成本

D. 上述都错误

12. 关于社会影响，权衡利弊意味着达到：＿＿＿＿＿。

A. 损失和成本之间的最优平衡

B. 收益和成本之间的最优平衡

C. 利润和成本之间的最优平衡

D. 上述都错误

13. 企业的职能是：＿＿＿＿＿。

A. 通过解决社会问题在自身获益的同时满足社会需求

B. 不惜一切代价创造利润

C. 让所有员工幸福

D. 使市场达到饱和水平

14. 所谓社会的"退行性弊病"一直通过＿＿＿＿＿妥善处理。

A. 政府

B. 外国政府

C. 社会福利团体

D. 美国企业和监管法规

15. 美国最重大的"退行性弊病"是：＿＿＿＿＿。

A. 宗教问题

B. 种族问题

C. 性别问题

D. 老龄化问题

社会责任的限度

1. 管理者是：_____。

A. 老板

B. 仆人

C. 所有者

D. 农民

2. 管理者的主人是：_____。

A. 总裁

B. 组织机构

C. 股东

D. 债权人

3. 如果组织执行自身特定任务的能力_____，那么社会必然蒙
　 受损失。

　　A. 消失

　　B. 受到削弱

　　C. 受到损害

　　D. B 和 C 正确

　　E. A、B、C 都正确

4. 组织履行自身的特定使命是社会的首要_____。

　　A. 责任和礼仪

　　B. 要求和责任

　　C. 需求和利益

　　D. 利益和关切

5. 一家组织机构可以是：_____。

　　A. 医院

　　B. 企业

　　C. 大学或中小学

　　D. A 和 C 正确

　　E. A、B、C 都正确

6. _____企业不是理想的雇主，也不可能成为社区内的好邻居。

　　A. 政府所有的

　　B. 外资控制的

C. 公共事业

D. 研究中心

E. 上述都错误

7. 各类组织机构的首要社会责任是履行_____。

A. 企业政策

B. 职能

C. 对员工的激励计划

D. 对股东的义务

8. 抵消成本、积累资本的唯一途径是:_____。

A. 减少失业人员

B. 提高经济绩效

C. 提高产品价格

D. 上述都错误

9. 管理层需要清楚企业未来的风险和履行承诺所需的最低利润率，不需要向_____解释自己的决策。

A. 债权人

B. 媒体

C. 政客

D. 公众

10. _____领域的相关绩效标准是无形的，企业在这些领域不可能游刃有余，也不可能完全尊重这些领域的重要价值观。

A. "政治" 意见和感情

B. 社区的赞成或反对

C. 社区资源的调动

D. 权力关系的结构

E. 上述都正确

11. 对社会责任最重要的限制来自＿＿＿＿。

A. 诋毁

B. 权力

C. 偏见

D. 阴谋

12. 承担自己没能力完成的任务是＿＿＿＿。

A. 人类的天性

B. 因为容易解释

C. 不负责任的行为

D. 为了追求个人满足

13. 企业的任务不是用自身的权力代替政府在若干显然属于＿＿＿＿的
权力。

A. 国家政策领域

B. 公众

C. 媒体

D. 企业投资者

14. 米尔顿·弗里德曼是一名_____，主张企业逃避所有社会责任，该立场实际上是不现实的。

   A. 社会科学家

   B. 经济学家

   C. 工会领导人

   D. 学生

15. 要求企业或其他任何机构承担社会责任，同时允许它们攫取新的权力，这种行为_____。

   A. 会得到尝试

   B. 会受到抵制

   C. 会受到鼓励

   D. 会被忽视

企业与政府

1. 管理者（尤其是企业管理者）肩负的一项重要社会责任是处理：＿＿＿＿。

   A. 消费者关系

   B. 公共关系

   C. 政企关系

   D. 上述都正确

2. 各个主要国家的政企关系都处于＿＿＿＿状态。

   A. 混乱的

   B. 令人失望的

   C. 被忽视的

   D. 令人发狂的

3. 政企关系呕须:_____。

   A. 重新评估

   B. 重新思考

   C. 重新构建

   D. 上述都正确

4. 出现了许多无法与现有的政企关系框架相适应的重大新问题,

   如:_____。

   A. 环境问题与跨国公司问题

   B. 世界经济衰退与进口关税问题

   C. 国际收支平衡与黄金储备问题

   D. A 和 C 正确

   E. B 和 C 正确

5. 关于政企关系的两种政治典范分别是:_____。

   A. 社会主义与重商主义

   B. 重商主义与资本主义

   C. 宪政主义与资本主义

   D. 重商主义与宪政主义

6. 重商主义典范认为,经济是_____的基础。

   A. 经济独立

   B. 国家主权

   C. 军事实力

D. B 和 C 正确

E. A、B、C 都正确

7. 国民经济和国家主权本质上都是有组织地与_____进行对抗。

A. 各国的经济萧条或衰退

B. 国家内部的问题

C. 外部世界或危机

D. A 和 B 正确

E. B 和 C 正确

8. 重商主义认为商人的社会地位低于:_____。

A. 媒体

B. 政客

C. 公务员

D. 消费者

9. 随着专业技术阶层和职业经理人阶层的崛起,可以说企业已成为
国家建制的一部分,但作为合作伙伴其地位仍然要低于:_____。

A. 消费者

B. 普通公众

C. 政府

D. 员工

10. 一般认为,没有采用重商主义制度的国家是:_____。

A. 日本

　　　　B. 法国

　　　　C. 魏玛德国

　　　　D. 英国

11. 宪政主义典范兴起于：_____。

　　　　A. 英国

　　　　B. 美国

　　　　C. 澳大利亚

　　　　D. 魏玛德国

　　　　E. 法国

12. 重商主义者对企业加以：_____。

　　　　A. 指导

　　　　B. 引导

　　　　C. 补贴

　　　　D. A 和 C 正确

　　　　E. A、B、C 都正确

13. 宪政主义典范下政府对企业进行管理的手段不包括：_____。

　　　　A. 监管机构

　　　　B. 反垄断法律

　　　　C. 宪法修正案

　　　　D. 刑事诉讼

　　　　E. A、B、C 都正确

14. 19 世纪末至 20 世纪初，商人可能是整个美国社会的主导性
群体，_____与商人存在社会地位方面的竞争。

　　A. 神职人员

　　B. 公务员

　　C. 大学教授

　　D. A 和 B 正确

　　E. A 和 C 正确

15. _____总统称商人为"罪恶大富豪"。

　　A. 安德鲁·杰克逊

　　B. 富兰克林·罗斯福

　　C. 西奥多·罗斯福

　　D. 托马斯·杰斐逊

16. 下列哪位美国总统与宪政主义理论有关系：_____。

　　A. 乔治·华盛顿

　　B. 托马斯·杰斐逊

　　C. 亚历山大·汉密尔顿[⊖]

　　D. 安德鲁·杰克逊

17. 下列哪位美国总统与重商主义实践有关系：_____。

　　A. 安德鲁·杰克逊

　　⊖　亚历山大·汉密尔顿（1755-1804），美国政治家，开国元勋，参加 1787 年制
宪会议，与麦迪逊等人合作撰写文章呼吁各州通过《联邦宪法》。在华盛顿
担任总统后出任美国第一任财政部长，但他从未担任美国总统。——译者注

B. 托马斯·杰斐逊

C. 乔治·华盛顿

D. 亚历山大·汉密尔顿

18. 重商主义与宪政主义的关系是：_____。

A. 在各自的国家效果良好

B. 越来越不适应现实，越来越没有效果

C. 存在一些问题，但不难解决

D. 正在被更合适的新理论体系取代

责任伦理

1. 关于企业和商人的伦理道德问题，人们讨论的一个重要主题是：_____。

　　A. 贿赂

　　B. 欺骗

　　C. 谎言

　　D. 日常生活中诚实正直的品格

　　E. 上述都错误

2. 人们不能因为自身_____就使个人行为免受一般规则的约束。

3. 在美国，社区有一种_____传统，管理者确实被鼓励参与社区事务，并在社区组织中发挥负责任的领导作用。

　　A. 志愿主义

B. 概念化

C. 平等主义

D. 热情好客

4. 本质上讲，作为领导群体的成员意味着成为传统意义上的:_____。

A. 全明星

B. 专业人员

C. 管理员

D. 人生篇章

5. 专业人员应该做的一件重要事情是:_____。

A. 傲慢

B. 易变

C. 保持自治

D. 信息工作

E. 上述都错误

6. "首先不要造成伤害"的意思是:_____。

A. 第一不是最好的

B. 我应该故意伤害人

C. 最重要的是绝不明知其害而为之

D. 我应该故意包揽所有事

7. 1970 年，机器操作员税后实得工资约为每年:_____。

A. 1.3 万美元

B. 2.5 万美元

C. 3 万美元

D. 2.05 万美元

E. 0.75 万美元

8. 在美国，多数"极其富有者"是：_____。

A. 受雇的高管

B. 税前百万富翁的继承人

C. 小企业的所有者

D. B 和 C 正确

E. A、B、C 都正确

9. 美国公众普遍认为收入不平等迅速加剧的一个原因是：_____。

A. 失业

B. 歧视

C. 通胀

D. 银行贷款

10. 当今管理者没有履行"首先不要造成伤害"承诺，是因为：_____。

A. 他没有带雇员去吃午餐

B. 他在 65 岁退休

C. 他在纳税申报单上没有作假

D. 上述都错误

11. "黄金脚铐"不能使企业变强，反而会导致：_____。

A. 负向选择

B. 正向选择

C. 横向扩张

D. 纵向扩张

12. 管理者的各种言辞导致公众无法理解经济现实，也违背了:_____。

A. "绝不明知其害而为之" 的准则

B. 他们的工作是富有成效的目的

C. 他们将出席所有管理会议和研讨会的要求

D. 上述都错误

13. 首要的职业伦理（"首先不要造成伤害"）由 2000 多年前的_____发展而来。

A. 苏格拉底

B. 希波克拉底

C. 罗米欧·奥鲁格巴尼

D. 汉谟拉比

14. 多元社会的领导者必须同时为所属的机构和公共利益服务。（判断题）

15. 高标准严要求的领导者能做的是不拒绝违背其自尊和品位的行为。（判断题）

为什么需要管理者

1. 在多数企业中，_____是最昂贵的资源。

    A. 机器与工厂

    B. 销售队伍

    C. 管理者

    D. 生产线上的员工

2. 管理者主要关心的是：_____。

    A. 劳资关系

    B. 工会关系

    C. 人际关系

    D. 与上级的关系

3. 成为一名管理者，意味着：_____。

A. 能够控制下属

B. 对组织的绩效承担责任

C. 严格按照上级领导的意愿办事

D. 上述都错误

4. 亨利·福特作为一名管理者遭遇失败的原因是：_____。

A. 他坚信企业不需要管理者

B. 没人懂得如何管理如此大规模的企业

C. 他让太多人做出重要决策

D. 上述都正确

5. 当阿尔弗雷德·斯隆担任通用汽车公司总裁后，他认为企业应该：_____。

A. 拆分为若干独立公司

B. 把那些各自为政的大亨转变为高效的管理团队

C. 管理职能集权化

D. 上述都错误

6. 亨利·福特二世在接管福特汽车后：_____。

A. 恢复了其祖父的管理政策

B. 聘用了斯隆为该公司副总裁

C. 借鉴了 20 年前斯隆在通用汽车的举措

D. 上述都错误

7. 福特汽车留给后人的经验教训是，管理和管理者是：_____。

A. 工商企业特有机构

B. 工商企业的基本结构

C. 工商企业的特定需求

D. 上述都正确

8. 美国大型铁路企业可谓是：_____。

A. 世界上最大的产业

B. 最早"被管理的"企业

C. 商业史上最混乱的体系

D. 上述都错误

9. 把管理引入大型工商企业的是：_____。

A. 安德鲁·卡内基

B. 约翰·洛克菲勒

C. 皮埃尔·杜邦

D. 上述都正确

10. 亨利·福特不想要管理者，结果是：_____。

A. 误用了管理者

B. 不当地安排了管理者的工作

C. 扰乱了企业的运作

D. 上述都正确

管理岗位的设计与内容

1. 管理者的工作应该拥有_____权威和范围。

   A. 最广泛的

   B. 最狭隘的

2. 管理岗位应该始终体现最大的挑战，承担最大的责任，并做出最大的贡献。（判断题）

3. 一般情况下，岗位被设计得太"大"似乎害处不大。（判断题）

4. 列举在设计管理岗位时常见的六种错误：_____。

5. 应该避免岗位和岗位结构方面的快速晋升，原因不是：_____。

   A. 会创造巨大的期望

   B. 会导致年龄结构失衡

   C. 在这种情况下经验反而有害

D. 上述都错误

6. 助理岗位会_____组织的运行。

7. 设计管理岗位的方式是把_____与"工作"结合起来。

8. 若把一个岗位设计得需要不断开会，持续地"合作"或"协调"，那么是一种错误。（判断题）

9. 头衔:_____。

A. 会孕育期望

B. 在职能、级别发生改变时应改变头衔

C. 在责任发生改变时应改变头衔

D. 意味着级别和责任

E. 上述都正确

10. 管理幅度是:_____。

A. 有多少下级人员向管理者汇报工作

B. 有多少必须合作共事之人向管理者汇报工作

11. 管理岗位的定义包括:_____。

A. 岗位本身

B. 岗位的职能

C. 上行关系与下行关系

D. 所需的信息及在职者处于信息流中的位置

E. 上述都包括

12. 管理岗位应该始终基于必要的任务，但不一定要为企业的整体目标做出贡献。（判断题）

13. 管理者应该接受绩效目标的_____和_____。

14. 管理者与_____和_____之间是相互依赖的关系。

管理发展与管理者开发

1. 哪个年龄段的管理者最有可能对工作丧失兴趣? _____。

    A. 25 岁左右

    B. 35 岁左右

    C. 45 岁左右

    D. 55 岁左右

2. 管理发展不是:_____。

    A. 晋升计划、高级课程或改造人的手段

    B. 包罗万象的组织计划或目标

    C. 低层管理工作的抽象职能

    D. 上述都不是

3. 发展管理的目标之一是:_____。

A. 为非管理人员创造就业机会

B. 企业健康、生存和成长

C. 提供一个根据公司的运作方式培训新管理者的强化项目

D. 为了工作，需要所有相关人员（尤其是从项目中获益最多的人）的全面合作。

4. 20 世纪 40 年代中期，只有_____两家企业认真考虑了管理者开发问题。

A. 梅西百货与金贝尔百货（Gimbels）

B. 国际电话电报公司与西部电气公司

C. IBM 公司与通用电气公司

D. 西尔斯公司与玛莎百货公司

E. 上述都错误

5. 管理发展不过是_____的另一个名称。

A. 创造一种管理工具

B. 使工作和产业超越谋生方式

C. 小企业中的一种全新理念

D. 在企业中为体力劳动者和半熟练工人创造更多管理岗位

6. 为什么管理发展在当今的大型企业中必不可少？_____。

A. 能够防止人们因缺乏热情，厌烦工作而陷入"在职退休"状态

B. 确保有人退休后年轻人能够填补空缺

C. 确保公司能够实现目标的唯一途径

D. B 和 C 正确

E. A、B、C 都错误

7. 管理发展的主要功能是：_____。

A. 为年轻管理者创造新岗位

B. 丰富管理者的工作使其更有价值

C. 为了提高个人及其组织的绩效尽可能地开发个人潜力

D. 由于没有确切方法衡量管理者的产出，因此为了从管理者
　 身上获得最大收益

8. 管理者开发的起点应为：_____。

A. 整体计划的机构

B. 绩效评估

C. 管理层的自我意识

D. 选拔和招聘计划

9. 自我开发最重要的因素是：_____。

A. 新的培训和技能

B. 个人的动力和能力

C. 学习意愿与学习能力相结合

D. 工作经验和上级树立的榜样

E. 上述都错误

10. 最重要的是，当今的管理者和专业人员：_____。

A. 有责任开发自我

B. 拥有 MBA 学位才能进入企业

C. 必须愿意接受门户开放政策

D. 尝试把个人目标和企业目标结合在一起

目标管理与自我控制

1. 重视并提高_____，会在管理的每个领域促进创新和进步。

　　A. 陪伴程度

　　B. 友情程度

　　C. 技艺水平

　　D. 技术知识

2. 管理层应该在对技艺的关注和对企业共同目标的关注之间取得平衡。（判断题）

3. 不同层级的管理者应该：_____。

　　A. 尽量只达成自己的目标

　　B. 关心自己及下级的目标

　　C. 关心自己及上级的目标

D. 关心自己及整个组织的目标

4. 薪酬体系中的金钱体现了最无形、最敏感的价值和品质。（判断题）

5. 比薪酬的绝对数额更重要的是：_____。

A. 个人每周的休闲时间

B. 人们彼此之间围绕薪酬的比较，尤其是与同事之间的比较

C. 薪资计划的具体福利

D. 工作的通勤时间

6. _____必须在两种要求之间取得平衡，即对个人的认可和维护团队的稳定。

A. 评估

B. 薪酬

C. 效果

D. 生产率

7. 最具破坏性的误导因素可能来自那些明显"公平"的薪酬体系，这类体系往往把管理者的收入与绩效直接挂钩。（判断题）

8. 从"大老板"到生产领班在内的所有管理者，不一定都需要清晰明确的目标。（判断题）

9. 组织应该阐明管理者要实现目标需要从其他部门获得什么帮助。换言之，从一开始就应该强调：_____。

A. 利润

B. 总目标与子目标

C. 生产率

D. 团队合作和团队成果

10. 为了在不同的努力之间保持平衡，全部层级和所有领域的管理者的目标应该同时考虑到长期和短期需求。（判断题）

11. 运动式管理：_____。

A. 是管理的最佳形式

B. 最有帮助

C. 会造成误导

D. 从未被采用

12. 每一名管理者都应负责任地参与上级部门目标的制定。（判断题）

13. "致经理的信"的目的是：_____。

A. 让管理者知道自己被炒了

B. 让管理者知道自己被提拔了

C. 让上级知道管理者存在不满

D. 让下级人员从自己的视角界定上级及其本人的岗位目标

14. 只需要"下行沟通"，没有必要进行"上行沟通。"（判断题）

中层管理到知识组织

1. 无论根据哪种定义来衡量，_____最高管理层的人数都没有增长。

    A. 建筑公司

    B. 制造型企业

    C. 医院

    D. 石油公司

2. 之所以会出现人浮于事的现象，是因为在好年景：_____。

    A. 对大量劳动力的保护

    B. 遵守联邦法规

    C. 顺应多数人的需求要比与之对抗要更加容易

    D. 上述都正确

3. 人浮于事的后果不包括：_____。

　　A. 浪费

　　B. 重复劳动

　　C. 罢工期间获得保护

　　D. 组织变得过于臃肿

4. 人浮于事会：_____。

　　A. 浪费金钱

　　B. 使工作绩效降低

　　C. 打击员工的积极性

　　D. 上述都正确

5. 组织的中层管理者人浮于事会：_____。

　　A. 增加成就感

　　B. 打击员工的积极性

　　C. 提高绩效

　　D. 激励成绩

6. 传统中层管理者本质上是_____。

7. 新型中层管理者本质上是_____。

8. 传统中层管理者基本上从事例行性工作，不做决策，只是：_____。

　　A. 给最高管理层提供建议

　　B. 执行决策

　　C. 修改决策以供自己使用

　　D. 上述都正确

9. 在知识组织中，所有工作岗位都必须聚焦于：_____。

    A. 企业的目标

    B. 贡献

    C. 决策结构

    D. 上述都正确

10. 在从传统中层管理向知识组织转型的过程中，焦点必须从关注转为强调_____。

11. 知识组织的设计也是为了能承担更大的风险，其运作不再是循规蹈矩的"例行公事"，也是：_____。

    A. 一个决策机构

    B. 使所有成员对自己的行为负责

    C. 把权力交给最高管理层

    D. 上述都错误

绩效精神

1. 绩效精神的着眼点必须放在个人的优势上，也就是人们能做什么，而不是人们不能做什么。（判断题）

2. 绩效是一种能够在各种长期任务中持续创造成果的能力，且绩效记录绝不包括错误在内。（判断题）

3. 如果某人以往绩效突出，而今绩效不佳，那么原因可能是：_____。

   A. 人的问题

   B. 岗位的问题

   C. 管理的问题

   D. A、B、C都正确

   E. A、B、C都错误

4. "良心"决策没有固定的规则，但关注组织精神的管理层需要

极为慎重地处理良心案例。(判断题)

5. 如果一个组织始终以机会为导向,而不是以问题为导向,那么就会展现出昂扬振奋的绩效精神。(判断题)

6. 最关键的人员决策是:＿＿＿＿＿。

    A. 晋升

    B. 薪酬

    C. 岗位安排

    D. 降职

    E. 上述都正确

7. 一名员工可能会有许多特点,人们可能会原谅某人的许多缺点,但不会原谅:＿＿＿＿＿。

    A. 无能

    B. 无知

    C. 不礼貌

    D. 欺骗

    E. 上述都错误

8. 只要某人认为才智比诚实正直更重要,那么他就不应该在管理岗位任职。(判断题)

9. 组织的宗旨是让凡人能做不凡之事。(判断题)

有效决策

1. 第一项管理技能是：_____。

    A. 与所有员工保持个人关系

    B. 给员工支付体面的薪资

    C. 制定有效的决策

    D. 上述都正确

2. 只有_____开发了一套系统的、标准化的决策方式。

    A. 美国人

    B. 澳大利亚人

    C. 德国人

    D. 日本人

3. 当日本人到达西方人所谓的决策时刻时，他们认为已经经进入_____了。

A. 方法阶段

B. 行动阶段

C. 短期阶段

D. 决策阶段

4. 无论日本的企业还是政府，都通过_____制定决策。

A. 共识

B. 官僚组织

C. 组织中各部门的每名管理者

D. 上述都错误

5. 与西方式决策相比，日本人确实需要_____才能做出决策。

A. 更短时间

B. 长得多的时间

C. 大致相同的时间

D. 上述都错误

6. 做出决策之后，日本人_____推销决策。

7. 日本式决策过程聚焦于对问题的认可，期待的最终结果是相关人员的:_____。

A. 行动

B. 执行

C. A 和 B 都正确

D. A 和 B 都错误

E. 良好的沟通

8. 只有从_____出发，决策者才能发现决策是关于什么的。

　　A. 各种不同的观点

　　B. 各种研究

　　C. 替代选择

　　D. 各种事实

　　E. 上述都错误

9. 有效管理决策的制定需要立足于：_____。

　　A. 鼓掌

　　B. 不同观点之间的碰撞和对话

　　C. A 和 B 都正确

　　D. A 和 B 都错误

10. 正确决策需要足够的异议，原因是：_____。

　　A. 异议能够确保决策者不会沦为组织的囚徒

　　B. 异议本身就能提供决策的替代方案

　　C. 最重要的是异议能够激发想象力

　　D. 上述都正确

11. 有效的决策者往往从开始就_____。

　　A. 认为一项提议的行动方针是正确的，而其他的一定都是错
　　　误的

B. 假设"我是对的，其他人都是错的"

C. 承诺找出存在异议的原因

D. 上述都错误

12. 决策不是一项智力活动。（判断题）

13. "正确答案"：_____。

A. 通常情况下无论如何都无法找到

B. 总会找到

C. 只有通过委员会才能找到

D. A 和 C 正确

E. A、B、C 都错误

14. 决策会调动组织的_____以采取有效的行动。

A. 精力

B. 想象力

C. 资源

D. A、B、C 都正确

E. A、B、C 都错误

管理沟通

1. 沟通是当今管理中的一个关键要素。(判断题)

2. 最佳的决策仅仅是_____,而且总会_____。

3. 一般有两种不同类型的妥协:

　　(1)_____;

　　(2)_____。

4. 反馈必须把决策纳入其中,以不断检验反馈。(判断题)

5. 要求清晰地阐明期望的决策成果,形成文字,并付出有组织
　　的努力_____。

6. 沟通具有四个基本特征:

　　(1)_____;

　　(2)_____;

（3）_____；

（4）_____。

7. 进行沟通的是_____。

8. 感知不是逻辑而是_____。

9. 一直以来的难题是如何通过沟通获取有用信息。（判断题）

10. 下行沟通无效的原因是其_____。

11. 我们建议在传统组织中实行_____。

12. _____管理是实现有效沟通的先决条件。

13. 立足于个人能力和业绩表现的绩效评估是沟通的基础。（判断题）

核查、控制与管理

1. 控制的同义词是:_____。

 A. 预期和信息

 B. 测量和记录

 C. 研究与开发

 D. A 和 C 正确

 E. B 和 C 正确

2. 人类社会环境中的控制系统是一个基于_____的机制。

 A. 意愿

 B. 信任

 C. 金钱

 D. 晋升

3. 在核查产生的信息促使人们采取行动之前，需要把信息转化

为：_____。

A. 处理

B. 感知

C. 概念

D. 决策

4. 在社会机构中，还存在第二种复杂性，也就是：_____。

A. 颠覆性因素

B. 第二种"不确定性原则"

C. 延迟反应

D. 决策过程中的错误

5. 企业组织中的核查通常具备三个主要特性，下列哪项不属于

这三个主要特性：_____。

A. 核查需要聚焦于成果

B. 核查既不客观又不中立

C. 可测量和不可测量的成果都需要核查

D. 核查或者客观或者中立

6. 企业等社会机构中的核查就是：_____。

A. 客观环境

B. 设立目标

C. 确立价值

D. A 和 B 正确

E. B 和 C 正确

7. 核查创造＿＿＿＿＿＿，会改变被测量的事件和观察者。

　A. 方向

　B. 愿景

　C. 客观性

　D. 诱因

　E. 权力

8. 企业存在的目的是给社会、经济、个人做贡献，为实现该目的，＿＿＿＿＿＿为企业创造了"利润"。

　A. 外部客户

　B. 预报员

　C. 高管

　D. 生产性员工

　E. 营销人员

9. 可测量与不可测量之间的平衡，是管理层面临的核心难题和永恒难题。（判断题）

10. 要让管理者能够有效控制，核查必须满足下列＿＿＿＿＿＿项具体要求。

　A. 6

　B. 7

C. 8

D. 9

11. 任何对实现组织目标无关紧要的事项都没必要频繁测量，只需要防止恶化即可。核查应该通过_____实现严格控制的目的。

A. 等级制

B. 持续监控

C. 例外情况

D. 独裁主义原则

E. 上述都错误

12. 投诉和抱怨是一种社会现象。在现实世界中，我们发现社会现象从来都不以_____的形式存在。

A. 容易

B. 正态分布

C. 反常

D. 非正式

E. 均匀

13. 怀特海是一名著名的逻辑学家和_____。

A. 学者

B. 社会科学家

C. 心理学家

D. 哲学家

E. 物理学家

14. 近期流行谈论_____核查，即能够即刻、连续回馈信息的核查。

 A. 控制时间

 B. 实时

 C. 一致时间

 D. 在线时间

 E. 全部时间

15. 在一个社会机构中，对核查存在着一种根本性的、不可改变的基本限制。这在于下述事实：社会机构既是_____，又是_____。

 A. 非人格化的

 B. 一个真实的实体

 C. 一种虚构的事物

 D. A 和 B 正确

 E. B 和 C 正确

管理者与预算

1. 如今，几乎所有企业都使用预算来推测和控制自身的资金需求。(判断题)

2. 每个预算都需要制定一个_____预算。

3. 资本预算非常重要的原因是:_____。

   A. 为资本资源在各项资本支出中的分配提供依据

   B. 使管理层能够了解获取资本的计划是否满足企业的资本需求

   C. 确定按计划的、核准的支出

   D. A 和 B 正确

4. 预算已成为一种管理工具，通过_____协助组织。

   A. 使管理者知道什么时候应该审查和修改计划

   B. 实现整个工作团队整合

C. 深入思考预期成果和现有手段之间的关系

D. 上述都正确

5. 预算是以_____来表示的。

6. 最好认为上一年度的预算支出"基本正确"，并继续将其列入下一年度的预算。（判断题）

7. 每个组织能够且应该用零基预算定期系统审查所有的产品、市场及业务等。（判断题）

8. 对于不太重要的领域，可以连续几年略微调整上一年度的预算作为下一年度的预算，大致每_____年开展一次零基预算即可。

9. 许多业务都需要长期不断的努力才能取得成果。因此，按年度为上述业务编制预算_____。

A. 是满足需要的

B. 是更加划算的

C. 可能在以后几年造成浪费

D. 仅在财务方面有必要

E. 上述都错误

10. 下列哪个选项最准确地描述了里程碑预算？_____。

A. 对支出进行控制并使其取决于预期成果的实现状况

B. 控制收入与支出

C. 在人事方面尤其重要

D. 每十年评估一次

E. 上述都正确

11. 控制单个长期复杂项目的工具是甘特图，原因是：_____。

A. 它是可以满足完成和交付日期最有效的方法

B. 它通常用一系列平行的条形图来表示结果

C. 它采取一步步的方式处理问题

D. 上述都正确

12. 下列哪种方法可以帮助管理者确定采取行动方针来解决与建造摩天大楼相关的问题？_____。

A. 关键路径分析

B. 计划评审技术

C. 甘特图

D. 上述都正确

E. A 和 B 正确

13. 日本和瑞典的造船厂确立了在全世界的领导地位，原因是：____。

A. 日本和瑞典的造船厂充分运用了甘特图

B. 采用了关键路径分析

C. 原材料和劳动力成本低于美国和英国

D. 美国和英国故意放弃领导地位

E. 上述都正确

管理者与管理科学

1. 复式记账法及其所有改进版本，迄今仍是唯一真正具有普适性的"管理科学"。（判断题）

2. 多数管理者现在也已经知道，管理科学是_____。

3. 第二次世界大战以后，管理被认为应该_____、_____、定量化。

4. 复杂系统的行为实际上是_____。

5. 组织是一种具有高度秩序的系统。（判断题）

6. 管理科学强调的是技术而不是_____。

7. "科学的"是量化的同义词。（判断题）

8. 基本假设必须是_____、_____和_____。

9. 管理科学必须要界定自身的领域。（判断题）

10. 工商企业生产的是人为确定的价值。（判断题）

11. 工商企业的内外部始终发生_____的变化。

12. 管理科学工作中存在的主要问题是始终强调:_____。

    A. 风险最小化

    B. 消除风险

13. 管理科学工作的主要目标必须是使企业能够承担适当的风险。(判断题)

14. 管理者需要工具来衡量_____和_____。

15. 使管理科学富有成效的关键是,管理科学家应:_____。

    A. 检验相关假设

    B. 确定需要思考的正确问题

    C. 制定替代方案而非解决方案

    D. 聚焦于理解而非公式

    E. 上述都正确

结构与战略

1. 组织结构需要：_____。

　A. 聚焦于任务

　B. 具有权力维度

　C. 具有责任维度

　D. 聚焦于人

　E. 上述都正确

2. 组织研究导致了企业、部门和职能的重组，并成为过去几十年中最引人注目的"成长型行业"之一，原因是：_____。

　A. 当今社会实体的组织状况仍然很糟糕

　B. 有更多人需要组织起来

　C. 恰当的组织结构是取得卓越绩效的先决条件

D. A、B、C 都错误

E. A、B、C 都正确

3. 如今我们已经知道，当_____时，组织结构问题就会成为重中之重。

A. 管理岗位发生变动

B. 一家小型企业成长为中型企业，或一家简单企业成长为复杂企业

C. 斯隆的组织结构规则不再适应现实

D. 公司被新的所有者收购

E. 公司处于财务困境

4. 法约尔和斯隆创立的组织结构模式:_____。

A. 已经过时

B. 在适合的组织中仍旧无与伦比

C. 是集权化模式

D. 是分权化模式的最佳例子

E. 上述都错误

5. 斯隆构建的组织结构模式不再适用是因为非制造业组织正日益成为发达经济体的实际重心。(判断题)

6. 斯隆构建的通用汽车组织结构模式运作良好，原因是:_____。

A. 通用汽车产品种类繁多

B. 外国市场与美国市场同等重要

C. 通用汽车是一家大型企业

D. 通用汽车多数员工属于生产性员工

E. 信息流是通用汽车的主要问题

7. 当前和未来的组织必须：_____。

A. 是"预先制造"组织结构

B. 结构跟随战略

C. 遵循"参谋与直线人员"的分类

D. 遵循有关贡献的传统分类

E. 是一个"组装起来的"系统以控制结构问题

8. 新的组织设计原则：_____。

A. 可以取代原有的组织设计原则

B. 对当今的管理问题非常具有针对性和深刻见解

C. 可以补充原有的组织设计原则

D. 是分散的并强调系统方法

E. 上述都错误

9. 只要_____，企业就应该分析和审视自身的战略。

A. 证券交易的行为不规律

B. 确立了新目标

C. 市场发生变化

D. A、B、C 都正确

E. B 和 C 正确

10. 对组织有贡献的四类业务中，产生成果的业务：_____。

    A. 必须产生直接收入

    B. 与整个组织的绩效相关

    C. 纯粹是从属性业务

    D. 必不可少但并不实际产生成果

    E. 是良心业务

11. 关键业务绝不应该隶属于非关键性业务部门，但支持性业务应该与创收业务、对成果有贡献的业务划归同一部门。(判断题)

12. 良心业务：_____。

    A. 根据标准评估绩效

    B. 应该隶属于产生成果的业务部门

    C. 最好由管理团队中拥有卓越绩效表现的高级成员来执行

    D. A 和 B 正确

    E. A 和 C 正确

13. 信息业务提出了一个特殊的组织难题，原因是：_____。

    A. 其不是产生成果的业务

    B. 其关注整个生产过程

    C. 不同的部门使用不同的术语

    D. 其兼具集权和分权的特征

    E. B 和 D 正确

14. 决策分析通过评估_____来确定关键业务及其对组织的贡献。

A. 决策的前瞻性

B. 决策对整个企业的影响

C. 决策的定性因素

D. A、B、C 都正确

E. A 和 B 正确

15. 决策的层级非常重要：_____。

A. 例行决策应该在尽可能低的管理层级做出

B. 决策越少，应该做出决策的层级越高

C. 具备相关知识的决策者做出

D. 决策永远不能独自做出

E. 上述都正确

16. 在现代管理中，各部门之间的相互关系具有重要价值，因此，为了使一个部门发挥作用，应该尽可能增加各种关系。（判断题）

17. 重复出现的组织问题可以通过以下方式解决：_____。

A. 开尽可能多的会议

B. 增加管理层的人数

C. 减少管理层级数量

D. 由协调员和助理来处理

E. 立即重组

以任务和工作为中心的设计

1. 当今的"组织缔造者"拥有五种设计原则，其中一种是下面哪位人士设计的？＿＿＿＿＿＿。

   A. 保罗·萨缪尔森

   B. 阿尔弗雷德·斯隆

   C. 亨利·艾伯特

   D. 弗雷德里克·泰勒

   E. 上述都错误

2. 组织的"清晰明了"是指所有管理都：＿＿＿＿＿＿。

   A. 同事之间的沟通

   B. 理解业务的运作

   C. 知道自己隶属何处，立场是什么

D. A 和 B 正确

E. A、B、C 都错误

3. "视野明确"是指把_____的视野导向_____。

A. 企业，利润

B. 增长，真实增长

C. 个人和部门，绩效

D. 个人，努力

E. 管理层，企业目标

4. 企业有效地考验、检验并储备基层和中层管理者是为了:_____。

A. 永存

B. 自我推销

C. 公平公正提拔

D. 合法承诺

5. 法约尔构建的"职能制组织":_____。

A. 根据阶段来组织工作

B. 常常被认为以"相关技能的集合"来组织工作

C. 是一个神话

D. 其设计可以完美地适应每个组织

E. 上述都错误

6. 职能制组织的优势是清晰和稳定，但存在的一个难题是:_____。

A. 成本高昂

B. 仅仅在理论上可行

C. 人们不能接受

D. 会产生摩擦

E. 只有在大型企业才运作良好

7. 下列哪项既是职能制组织的基本优势又是基本劣势？＿＿＿＿＿。

A. 以利润为中心

B. 以目标为中心

C. 以增长为中心

D. 以努力为中心

8. 亨利·法约尔负责的是下列哪种类型的企业？＿＿＿＿＿。

A. 进出口企业

B. 钢铁企业

C. 制造企业

D. 煤矿企业

E. 服装企业

9. 团队工作要求合作和努力，还需要：＿＿＿＿＿。

A. 一名领导者和一个清晰明确的目标

B. 理解和精神

C. 高昂的士气

D. B 和 C 正确

E. A、B、C 都错误

10. 团队制组织:_____。

A. 失败率很低

B. 失败率适中

C. 失败率很高

D. 抵制率很高

11. 根据定义,知识工作是专业性工作。(判断题)

以成果为中心的设计和以关系为中心的设计

1. 采用联邦分权制的公司：_____。

  A. 由联邦政府对垄断进行控制

  B. 由许多自治的事业部构成

  C. 把某种产品的生产从许多人手中转移到少数人手中

  D. 上述都错误

2. 联邦分权制不能：_____。

  A. 使自治事业部的所有成员都能够轻松地理解自己的任务

  B. 使自治事业部的所有成员都能够理解整个企业的任务

  C. A 和 B 正确

  D. A 和 B 错误

3. 联邦分权制组织的最大优势在于_____。

4. 最重要的是，分权化自治事业部的总经理：_____。

    A. 非常重要

    B. 是真正的最高管理层成员

    C. 除非得到其他业务帮助，否则没什么用

    D. 上述都错误

5. 联邦分权制的一个主要宗旨就是_____。

6. 如果采纳联邦分权制的企业要作为一个整体，而不是陷入分
    裂，最高管理层必须保留决策权的不包括：_____。

    A. 企业要采用的技术、开拓的市场和研发的产品

    B. 关键资本资源的分配

    C. 各个自治事业部的人事政策和关键岗位任命

    D. 每个事业部的内部预算

7. 当事业部的规模太大时，"成员"（自治事业部下设的职能部门）
    会：_____。

    A. 变得越来越僵化

    B. 官僚作风日益浓厚

    C. 越来越倾向于为自我利益而不是共同宗旨服务

    D. 上述都正确

8. 采用联邦分权制的企业需要：_____。

    A. 为最高管理层提供组织化的思考

    B. 为最高管理层提供组织化的规划

    C. 统一的核查机制和衡量手段

D. 上述都正确

9. 只要一个事业部＿＿＿＿＿，树立＿＿＿＿＿，那么它就是一个自治事业部。

10. 下列哪项对模拟分权制的描述不正确？＿＿＿＿＿。

A. 很容易聚焦于绩效

B. 难以做到每个人都能够理解自己的任务

C. 管理者和专业人员也不一定能理解整个组织的任务

D. 上述都符合题干要求

11. 采用系统制的组织具有下列共同点：＿＿＿＿＿。

A. 弱势的最高管理层

B. 不清晰的管理层级

C. 需要整合多样的文化

D. 需要更严格的控制

12. 模拟分权制存在的问题是：＿＿＿＿＿。

A. 不清晰明了

B. 不稳定

C. 缺少明确的工作描述

D. 上述都正确

13. 唯一可以防止系统制组织崩溃的要素是：＿＿＿＿＿。

A. 坚定的最高管理层

B. 人际关系

C. 良好的岗位描述

D. 敏锐的管理团队

创新型组织

1. 只有当一个新产品或新业务在市场上站稳脚跟时，才算是有了一种"创新"。（判断题）

2. 没有能力＿＿＿＿＿＿的老牌企业注定会衰落甚至倒闭。

   A. 生产

   B. 创新

   C. 产生投资回报

   D. 增加净利润

   E. 上述都错误

3. 对创新进行管理将日益成为管理层面临的一个挑战，也是对其＿＿＿＿＿＿的检验。

   A. 优势

  B. 才能

  C. 存在

  D. 能力

  E. 上述都错误

4. 雷诺公司和菲亚特公司并不是特别重视研究，这两家公司成为创新型组织的关键原因是具有把新设计和新模型迅速投产并投放市场的能力。（判断题）

5. 一个组织的创新能力更多地取决于管理而不是行业、规模、组织的年龄。（判断题）

6. 下列哪一项不是创新型组织的特征？＿＿＿＿＿＿。

  A. 有一个创新战略

  B. 理解创新的动力

  C. 把 28% 的净利润用于研发

  D. 开发新设计和新模型

7. 创新不是一个组织的内部事件，而是回应变化的外部环境。（判断题）

8. 创新是根据预定的时间表偶然出现的。（判断题）

9. 在一个经济体或市场的各个层次之间存在明显差异之处，存在创新机会。（判断题）

10. 在每 1 个取得成功的创新背后，都有＿＿＿＿＿＿个失败的创新。

  A. 10

B. 50

C. 99

D. 1000

11. 创新战略的手段是：_____。

A. 做现有的业务

B. 做不同的新业务

C. 更大且更好

D. 更好且更便宜

12. 为创新性工作设置单独的衡量标准，让我们能衡量决定创新战略的三个要素：最终机会、失败风险、需要的努力和费用。（判断题）

13. 创新型组织认识到，从一开始就应该把创新组织为一个"事业部"而不是一项"职能"。（判断题）

最高管理层与董事会

1. 下列哪项管理工作是多方面的？ _____。

　　A. 中层管理

　　B. 最高管理

　　C. 基层管理

　　D. 上述都错误

2. 探讨"理想的"最高管理层结构没什么意义。（判断题）

3. 最高管理层的工作是具体的一项任务。（判断题）

4. 19 世纪 70 年代，_____设计了最早的最高管理层结构。

　　A. 马克斯・韦伯

　　B. 弗雷德里克・泰勒

　　C. 乔治・西门子

D. 詹姆斯·库曾斯

5. 运营工作始终应该作为最高管理工作。（判断题）

6. 晋升入最高管理层的人应该放手自己先前从事的职能工作或运营工作。（判断题）

7. 最高管理任务需要哪几种不同类型的人？_____。

　A. 思想者

　B. 行动者

　C. 交际者

　D. 代言者

　E. 上述都正确

8. 组织（尤其是小企业）应该制定一份最高管理层工作规划。（判断题）

9. 一个人应该总能够从事最高管理工作，因此没必要组成最高管理团队。（判断题）

10. 组织的规模和复杂性应该与最高管理团队的规模和人数直接相关。（判断题）

11. 除了在规模小、结构简单的企业中，任何负有最高管理责任之人都不应再从事其他工作。（判断题）

12. 团队合作在最高管理工作中至关重要。（判断题）

13. 下列属于最高管理层特征的有：_____。

　A. 最高管理团队成员必须彼此喜欢

B. 最高管理团队成员必须像一个委员会那样行动

C. 下级有权对决策提出上诉

D. 最高管理层成员应该制定决策

14. 乔治·西门子在最高管理层的组织结构方面最显著的创新是

组建_____，或许这是他最重要的贡献。

A. 董事会

B. 理事会

C. 监事会

D. 执行秘书处

E. 上述都错误

15. 在不同的国家，负责监督最高管理层的机构有不同的名称，

但都具有一个共同特征：_____。

A. 保持权力的平衡

B. 几乎毫无作用

C. 由 10 人左右构成

D. 有权挑选成员

E. 上述都错误

16. 下列不符合董事会的描述有：_____。

A. 是一个审查团队

B. 有权开除绩效不佳的成员

C. 权力有限

D. 是一个公共关系机构

E. 上述都正确

17. 下列哪种人不应被选入董事会？ _____。

A. 组织的客户

B. 公司的顾问

C. 退休高管

D. 上述都不应被选入

18. 董事会成员应该独立于最高管理层。（判断题）

管理组织的结论

1. 组织设计必须立足于：_____。

    A. 相关的概念框架

    B. 组织结构的设计原则

    C. 企业的宗旨、目标与战略

    D. 优先事项与关键业务

    E. 上述都正确

2. 世界上没有通用的组织设计原则。（判断题）

3. 当今人们能够期望：_____。

    A. 一种理想组织

    B. 组织不断接近理想状态

    C. 不一致的组织

D. 上述都错误

4. 20 世纪 50 年代初，在通用电气的组织架构中，人人都"很清楚"任何负有"产品责任"的单位实际上都是一个：_____。

A. 制造事业部

B. 谈判机构

C. 行政机构

D. 研究部门

E. 上述都错误

5. 通用电气的一个基本假设是，"产品事业部"的总经理就像通用汽车汽车事业部的总经理一样，都是：_____。

A. 独裁主义者

B. 运营管理者

C. 人际关系专家

D. 行政人员

E. 上述都错误

6. 从"理想型组织"出发进行组织设计的方法是"理论"。（判断题）

7. 结构越简单，问题往往就越少。（判断题）

8. 组织设计原则是_____，其本身只有是否应用得当，而无所谓优劣，仅此而已。

9. 企业是否健康的检验标准是：_____。

A. 组织结构的完美

B. 组织结构的美观、清晰

C. 员工的绩效

D. 对业务的控制状况

E. 上述都正确

10. 长期以来，会计人员把产品成本划分为三种类型：

（1）_____；

（2）_____；

（3）_____。

11. 20 世纪 60 年代初，罗伯特·麦克纳马拉把_____引入美国的国防预算体系。

12. 经营预算与机会预算的不同在于，经营预算将在未来趋于稳定，而机会预算将不断增长。（判断题）

13. "向贫困开战"等项目失败的原因是：_____。

A. 未能询问正确的问题

B. 成果的实现姗姗来迟，公众就往往不再抱有幻想

C. 当仅需要少数几名优秀人才去试验、开发、学习和论证项目时，项目自身却在巨额资金中"窒息"

D. 上述都正确

14. 在预算编制过程中，每一名部门管理者都需要承担领导责任的原因是：_____。

A. 会引发有效的上行沟通

B. 帮助管理者了解每个下级部门的观点、优先事项、关切和需求等方面的信息

C. 应该也能够创造横向沟通，使其他部门的管理者理解自己的同事想要达成什么目标，需要什么帮助

D. A、B、C 都错误

E. A、B、C 都正确

15. 能够产生成果的唯一资源是_____。

16. 为什么企业应该把预算与控制更紧密地联系起来？_____。

A. 预算让企业可通过遵循特定业务或项目增长模式获得优势

B. 预算能使管理者忽略那些一切正常的项目，而那些明显偏离预算的项目能够轻易被识别出来

C. 预算监控特定业务的利弊

D. 预算能够说明产生浪费的原因

E. A 和 B 正确

答 案

第 1 章

1. 错误

2. B

3. 科学

4. D

5. 萨伊

6. D

7. 正确

8. A-2；B-5；C-1；D-3；E-4

9. 对贡献所负的责任

10. 人

11. 错误

第 2 章

1.

（1）彻底思考并界定组织的宗旨和使命

（2）使工作富有成效，帮助员工取得成就

（3）管理组织造成的社会影响和社会责任

2. 提高经济绩效

3. E

4. 人力资源

5. 错误

6. A

7. 做正确的事

8. C

11. 整个社会

9. B

12. 正确

10. 正确

第 3 章

1. 错误

6. E

2. C

7. 美国中产家庭的制造商

3. 零售商店经理短缺

8. 采购

4. A

9. 正确

5. 正确

第 4 章

1. B

7. E

2. D

8. 成果

3.（1）营销；（2）创新

9. D

4. A

10. 正确

5. 正确

11. 新产品或新服务

6. 行政职能

12. 正确

第 5 章

1. 西奥多·韦尔

3. D

2. 正确

4. 错误

5. E

6. E

7. 市场

8. 抛弃

9. 对轻便、便宜、可靠设备的需求

10. 从没有正确答案

11. 正确

第6章

1. 玛莎百货公司

2. 颠覆 19 世纪以来英国的阶层结构

3. 选定业务焦点的

4. 正确

5. E

6. 营销、创新、人力、资本、物力、生产率、社会责任、利润

7. 错误

8. 目标必须是多重的，而不是单一的

9. 正确

第7章

1. 集中经营决策和市场地位决策

2. 正确

3. 对有能力有抱负的高素质人才丧失吸引力

4. 生产率

5. A

6. B

7. 正确

8. 限制条件

9. 正确

第 8 章

1. A

2. 错误

3. 前瞻性

4. 准确预测

5. 能够转化为具体的工作安排

6. C

7. 未来

8. 正确

第 9 章

1. 正确

2. 错误

3. 使命

4. 服务机构的绩效管理

5. 正确

6. 正确

第 10 章

1. C

2. 正确

3. D

4. D

5. C

6. 正确

7. 正确

第 11 章

1. C

2.

（1）尽可能地维持服务行业的竞争局面

（2）保护公众免受自然垄断企业的剥削

（3）把自然垄断行业的收益限制在其投资的公平回报水平上

3. A	4. B
5. 正确	6. 正确
7. 错误	8. 错误
9. 正确	10. 传统大学已经过时

第 12 章

1. E	6. C
2. 正确	7. A
3. 错误	8. D
4. B	9. A
5. D	10. 错误

第 13 章

1. D	4. A
2. 错误	5. A
3. E	6. B

7. B

11. 自我指导，自我激励

8. A

12. D

9. C

13. 女性公民以雇员的身份

10. E

14. 三项

第14章

1. C

7. 养老基金，共同基金

2. D

8. B

3. A

9. C

4. D

10. C

5. E

11. C

6. C

12. A

第15章

1. 正确

2. 分析；综合；对生产过程的方向、质量、数量、标准及意外
情况进行控制；找到合适的工具

3. C

4. 正确

5. E

6. A

7. E

8. 错误

9. 连续生产

10. 错误

11. 独特产品的生产、刚性大规模生产

12. C

13. 独特产品的生产

14. 正确   15. E

第 16 章

1. D   10. D

2. 正确   11. 错误

3. 错误   12. 正确

4. 例外情况   13. 桥梁

5. C   14. E

6. 错误   15. 错误

7. C   16. 知识

8. 子模式   17. 错误

9. 独特事件

第 17 章

1. D   8. 过于有效，积极激励因素

2. E ⊖   9. B

3. C   10. D

4. D   11. A

5. 胡萝卜加大棒式管理   12. 对心理学知识的粗暴滥用

6. D ⊜   13. D

7. B

⊖ *此答案有误，应为 D。——译者注*
⊜ *此答案有误，应为 B。——译者注*

第18章

1. D	14. E
2. E	15. D
3. A	16. A
4. C	17. 错误
5. D	18. E
6. D	19. B
7. E	20. E
8. C	21. D
9. B	22. B
10. C	23. D
11. E	24. 正确
12. B	25. A
13. C	

第19章

1. B	5. A
2. C	6. B
3. A	7. C
4. C	8. A

9. C   13. A

10. D   14. D

11. C   15. B

12. B

第20章

1. B   9. A

2. B   10. E

3. D   11. B

4. C   12. C

5. E   13. A

6. E   14. B

7. B   15. B

8. B

第21章

1. C   7. C

2. A   8. C

3. D   9. C

4. A   10. D

5. D   11. B

6. D   12. E

13. C

14. E

15. B

16. B

17. D

18. B

第 22 章

1. D

2. 从事的工作

3. A

4. B

5. C

6. C

7. E

8. D

9. C

10. D

11. A

12. A

13. B

14. 正确

15. 错误

第 23 章

1. C

2. D

3. B

4. A

5. B

6. C

7. D

8. B

9. D

10. D

第 24 章

1. A

2. 正确

3. 正确

4. ①岗位过小；②岗位过于空洞；③管理和工作失衡；④个人不能胜任；⑤把头衔作为奖励；⑥寡妇制造者岗位

5. C

6. 损害

7. "管理"

8. 错误⊖

9. E

10. B

11. E

12. 错误

13. 指导，控制

14. 上级，下级

第 25 章

1. C   3. B

2. A   4. D

⊖   此答案有误，应为"正确"。——译者注

5. B   8. B

6. A   9. D

7. C   10. A

第 26 章

1. C   8. 错误

2. 正确   9. D

3. D   10. 正确

4. 正确   11. C

5. B   12. 正确

6. B   13. D

7. 正确   14. 错误

第 27 章

1. C   7. 知识提供者

2. C   8. B

3. C   9. D

4. D   10. 权力，责任

5. B   11. A

6. 员工的指挥官

第 28 章

1. 正确

2. 错误

3. D

4. 正确

5. 正确

6. E [⊖]

7. D

8. 正确

9. 正确

第 29 章

1. C

2. D

3. B

4. A

5. B

6. 一点都不需要耗费时间

7. C

8. A

9. B

10. D

11. C

12. 正确

13. A

14. D

第 30 章

1. 正确

2. 接近最优, 存在风险

3.

(1) "半块面包比没有面包要好"

⊖ 此答案有误, 应为 A 和 C。——译者注

（2）"半个婴儿比失去婴儿更糟糕"

4. 错误

5. 追踪决策执行情况

6.

（1）沟通是感知

（2）沟通是期望

（3）沟通产生要求

（4）沟通与信息不同，两者是对立的却相互依赖

7. 接收者

8. 经验

9. 正确

10. 假定信息发布者在进行沟通

11. 上行沟通

12. 目标

13. 正确

第 31 章

1. A [⊖]	4. B
2. A	5. D
3. B	6. E

⊖ 此处有误，应把 A 选项内容改为"预期和指挥"，答案保持不变。——译者注

7. B　　　　　　　12. B

8. A　　　　　　　13. D

9. 正确　　　　　　14. B

10. B　　　　　　　15. E

11. C

第 32 章

1. 正确　　　　　　8. 三

2. 现金流　　　　　9. C

3. D　　　　　　　10. A

4. D　　　　　　　11. A

5. 资金　　　　　　12. E

6. 错误　　　　　　13. A

7. 正确

第 33 章

1. 正确　　　　　　7. 错误

2. 工具　　　　　　8. 恰当、全面、前后一致的

3. 严谨、科学　　　9. 正确

4. 反直觉的　　　　10. 正确

5. 正确　　　　　　11. 不可逆转

6. 原则　　　　　　12. A

13. 正确

14. 预期，成果

15. E

第 34 章

1. E

2. C

3. B

4. B

5. 正确

6. D

7. B

8. C

9. E

10. B

11. 错误

12. E

13. E

14. D

15. A

16. 错误

17. C

第 35 章

1. B

2. C

3. C

4. A

5. B

6. D

7. D

8. D

9. A

10. C

11. 正确

第 36 章

1. B

2. D

3. 管理者开发

4. B

5. 加强最高管理层的权威

6. D

7. D

8. D

9. 承担完全的市场责任，与成果相匹
   配的目标

10. A

11. C

12. D

13. B

第 37 章

1. 正确

2. B

3. D

4. 正确

5. 正确

6. C

7. 正确

8. 错误

9. 正确

10. C

11. B

12. 正确

13. 正确

第 38 章

1. B

2. 正确

3. 错误

4. C

5. 错误　　　　　12. 正确

6. 正确　　　　　13. D

7. E　　　　　　14. D

8. 正确　　　　　15. B

9. 错误　　　　　16. C

10. 正确　　　　17. D

11. 正确　　　　18. 正确

第 39 章

1. E

2. 正确

3. B

4. A

5. B

6. 错误

7. 错误^㊀

8. 工具

9. C

10.（1）变动成本

　　（2）固定成本

　　（3）管理成本

㊀　此答案有误，应为"正确"。——译者注

11. 生命周期成本

12. 错误

13. C

14. E

15. 业务精湛的人员

16. E

引申阅读

Friedrich Julius Stahl, Konservative Staatslehre und Geschichtliche Entwicklung. Tuebingen: Mohr, 1933.

The End of Economic Man. New York: John Day Co.,1939. (Reprint by Harper & Row, 1969.)

The Future of Industrial Man. New York: John Day Co., 1942.

Concept of the Corporation, New York: John Day Co., 1946. (Reprint by John Day Co.,1972.)

The New Society. New York: Harper & Row, 1950.

The Practice of Management. New York: Harper & Row,1954.

America's Next Twenty Years. New York: Harper & Row, 1957.

The Landmarks for Tomorrow. New York: Harper & Row, 1959.

Managing for Results. New York: Harper & Row, 1964.

The Effective Executive. New York: Harper & Row, 1967.

The Age of Discontinuity: Guidelines to Our Changing Society. New York：Harper & Row, 1969.

Preparing Tomorrow's Business Leaders Today. Edited by Peter F. Drucker. Englewood Cliffs, N. J.: Prentice-Hall, 1969.

Technology, Management and Society(Selected Essays). New York: Harper & Row, 1970.

Men, Ideas, and Politics. New York: Harper & Row, 1971.

Management: Tasks-Responsibilities-Practices. New York: Harper & Row, 1974.

扫码获取《认识管理》章后问题参考答案。[⊖]

⊖ 此部分答案由译者慈玉鹏整理。